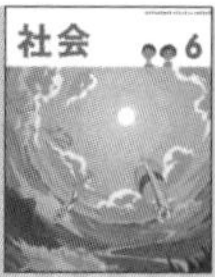

小学校社会科の教科書で、政治の基礎知識をいっきに身につける

これだけは知っておきたい70のポイント

佐藤 優
作家
井戸まさえ

東洋経済新報社

本書で使用した
小学6年生の社会科の教科書

『小学社会6下』教育出版

『新編新しい社会6年下』東京書籍

『小学社会6年下』日本文教出版

『社会6』光村図書

はじめに

小学6年生の社会科の内容を消化すれば、ニュースのほとんどを理解できる

本書は、小学6年生用の社会科の教科書をベースに、大人にとって必要な政治の基礎知識をいっきに身につけるというユニークな試みである。過去に類似の試みはまったくなかったと思うが、満足のいく作品に仕上がったと思う。

今回、対談というスタイルをとったのには戦略がある。

現実の政治運営で鍵を握るのは、国会議員と官僚だ。民主党の衆議院議員として与党にいた経験のある井戸まさえ氏は、国会議員の内在的論理を熟知している。外務官僚だった私は官僚がどのように考え、何を基準に仕事をしているかが皮膚感覚

でわかる。それだから、こうした共同作業では1＋1が2ではなく、4か5になる。

小学校社会科の教科書を使用したのにも理由がある。

当初、高校の政治・経済の教科書をベースにした本ができないかと考えたが、それは無理との結論に至った。高校の政治・経済の教科書で扱っている事項は、説明をはしょっているだけで、内容は大学・大学院レベルのものが多いからだ。

そこで中学校、小学校の教科書を調べたところ、小学6年生の社会科の内容をきちんと消化すれば、新聞やテレビで報道されている政治に関するニュースの大半を理解できることがわかった。よって小学校の社会科の枠内で政治の基礎知識を解説する作業に取り組むことにしたが、そこで用いたのは「敷衍」という手法である。

私たちは小中学生の時代から、国語の時間に「この文章の内容を××字以内に要約せよ」という課題をよく出されているので「要約」には慣れている。これに対して、文章の意味がわかりにくいところを、やさしい言葉で言い換えたり、詳しく説明する「敷衍」の訓練はあまり受けていない。敷衍の「衍」とは「押し広げる」という意味だ。英語では「パレフレーズ」(paraphrase) になる。

本書では、この「敷衍」の手法を小学校の教科書に当てはめ、政治の基礎知識をわかりやすく解説することを主眼に据えた。記述が短くてわかりにくい事柄についてはやさしい言葉で解説し直し、やや抽象的な部分については、時事的な話題とつなげるなどして、より読者に身近に理解してもらえるようにした。

本書で書かれている政治の基礎知識を身につけ、きちんと「土台」を固めておけば、現下の日本を覆う憲法改正、集団的自衛権、平和安全法制、普天間基地移設問題、橋下徹氏が政界で影響を持ち続ける理由、日韓・日中の歴史認識といった内外政のさまざまな問題を、体系的かつ自分の頭で理解できるようになるはずである。

「政治は基礎知識がなくても理解できる」は勘違い

日本は情報大国である。新聞、雑誌、テレビ、ラジオ、インターネットを使えば、国内外の情報を瞬時に、しかも相当詳細に入手できる。しかし、いくら断片的な情報を集めても、「なぜこのようなことが起きるのか」という構造を把握することもできなければ、「今後どうなるのか」という見通しを立てることもできない。

日本は出版大国でもあるので、国内政治や外国の事情に関する本もたくさん出ている。しかし、優れた専門家が書いた本を読んでも、内容を理解できないことがよくある。それは、読者にこの種の本を読み解く基礎知識が欠けているからだ。

金融工学の本を開くと、偏微分方程式がたくさん出てくる。四則演算に不安がある人が、いくら丁寧に金融工学の本を読んでも理解できない。あるいは中学生レベルの英文法に不安のある人が、実用英語の力をつけようと辞書を片手に『インターナショナル・ニューヨーク・タイムズ』を読んでも、内容を正確に把握できない。

こうした数学や英語が絡むことならば、誰もが「基礎知識が重要だ」と理解できる。しかし政治に関しては「特段の基礎知識がなくても、理解可能だ」と勘違いしている人が多い。ベテランの政治評論家や若手の政治学者にもそういう人が少なからずいる。こういう人たちの話を聞いても、事柄の本質がさっぱり理解できない。

中世神学に「総合知に対立する博識」という格言があるが、私はこの格言は21世紀の現在も有効性を失っていないと考える。断片的な知識をいくら集めても、それだけでは物事を深く理解することはできないのである。

「大人の教科書」には「裏の社会科」も必要

本書を作成するにあたって心がけたことがもうひとつある。それは伝統的な日本のエリート教育に潜む欠陥と密接に関連している。

日本の教育では、教科書の内容を正確に記憶し（理解しなくてもいい）、1時間半や2時間の制限時間内に筆記試験で再現する能力の向上に主眼が置かれている。これは明治の頃、欧米列強のノウハウをいち早く吸収するために必要だった「後進国型」のエリート促成栽培術だが、その負の遺産を現在も克服できていない。

中学、高校、大学の入試、国家公務員試験、司法試験などはいずれもこの種の記憶力と再現力を問う試験だ。客観的に見て、日本は「学歴社会」にすらなっていない。大学入試の偏差値で能力を評価する「入学歴社会」なのである。

「入学歴社会」で優位を確保するためには、磨かれた「型」を覚え、当てはめるという再現の技法が不可欠である。しかし、時代の大きな転換期には、「型」をきちんと身につけると同時に、「型破り」の見方や思考もできなければばならない。

そのための「大人の教科書」をつくりたいと以前から私は考えていた。今回も、小学6年生の社会科の教科書を片手に対談を2回行ったところで、「このままでは何か根本的な事柄が抜け落ちてしまう」という認識を抱くようになった。井戸氏も、政治の現場で役立つ生きた知識が身につく教科書が必要だと考えていた。

教科書の内容を正確に理解することは重要だが、教科書は性善説に立って書かれているため、そこに記されているのはいわば「表の社会科」だ。私たちは現実社会に生きている以上、世の中の「悪」や「裏」の部分を無視することはできない。

そこで「表の社会科」に加えて、「裏の社会科」という項目を立て、その両立で解説することにした。ここに本書のもうひとつの大きな特色がある。

「裏の社会科」というのは、贈収賄や利権誘導といった違法行為や脱法行為のことばかりではない。教科書に書かれている内容の基本に関わる事柄にも「裏」がある。

たとえば国会議員は「全国民を代表する」と教科書には書かれているが、現実社会を見渡せば、職業、居住地域、世代などによって、国民一人ひとりの利害が異なることは明らかだ。「全体の代表」というのは現実にはありえない概念なのである。

国会議員の大半は「政党（ポリティカル・パーティ）」を通じて活動するが、党（パーティ）は本来、「部分（パート）の利益を代表する組織」であって「全体の代表」ではない。その「部分の代表」が、限りある予算を分配し一人ひとり異なる国民の利害を調整する、いわば「折り合いをつける」場所が国会なのである。

にもかかわらず、国会議員自身が「自分は国民全体を代表している」という幻想を持っている場合が多い。それだから人気取り（ポピュリズム）に奔走し、限られた予算の分配やルール（法律）の策定について議会の審議を通して「折り合いをつける」という国際基準での民主政治が機能しないのである。

「深掘り講義」と「章末&巻末まとめ」付き

政治を理解するために知力が重要なのは言うまでもないが、その前提自体が現下の日本では崩れている。それは日本社会を反知性主義が覆っているからだ。

反知性主義とは、実証性と客観性を軽視もしくは無視して、自分が欲するように世界を理解する態度のことだ。日本における反知性主義は、歴史修正主義者の台頭、ヘイト（他民族憎悪）本とその裏返しの日本礼賛本の流行、数学力と国語力の低下などさまざまな局面で現れている。

反知性主義に陥らないための処方箋は難しくない。知性を体得し、正しい事柄に対しては「然り」、間違えた事柄に対しては「否」という判断をきちんとすることだ。それには「表の社会科」で基礎知識を固め、「裏の社会科」で型破りの見方や思考を身につければいい。その実践的な技法が本書を読むことで着実に習得できる。

本書では、政治的に重要な「国会」「内閣」「裁判所」「憲法」「三権分立」「税金」「選挙」の7項目について、それぞれ章を立てて詳しく解説している。

「表の社会科」では教科書に書かれた内容を「敷衍」してわかりやすく順序立てて説明している。「裏の社会科」では井戸氏は国会議員として、私は外務官僚として政治の現場に携わった関係で、普通に生活している国民ならば知らないような事柄を目撃、体験したときのエピソードをふんだんに盛り込んでいる。

「深掘り講義」では「大人の教科書」ならではの踏み込んだ解説を行った。さらに、身につけてほしい基礎知識を全部で70にまとめ、通番を付して章末に掲げた。巻末には70すべてを一覧できるようにしたので、記憶を整理するために活用してほしい。

井戸まさえ氏との共著は『子どもの教養の育て方』(東洋経済新報社、2012年)に次いで2冊目になります。井戸氏の適切な指摘なくしてこの作品はできませんでした。どうもありがとうございます。

本書を作成するにあたっては、東洋経済新報社の名編集者である中里有吾氏、ライターの高橋扶美氏、フリーランス編集者の鈴木充氏、デザイナーの上田宏志氏にたいへんお世話になりました。この場を借りて深く感謝申し上げます。

2015年11月10日　曙橋(東京都新宿区)の自宅にて

佐藤　優

小学校社会科の教科書で、政治の基礎知識をいっきに身につける——【目次】

第2章 これだけは知っておきたい「内閣」の基礎知識 065

第6章　これだけは知っておきたい「税金」の基礎知識

序章

なぜ、小学校社会科の教科書なのか

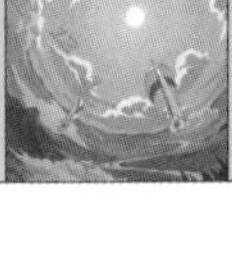

【教科書（小学校から高校まで）】

❖ビジネスパーソンに教科書をすすめる3つの理由

『子どもの教養の育て方』
佐藤優／井戸まさえ
（東洋経済新報社）

井戸　今回、「大人のための社会科」というテーマで、小学6年生の社会科の教科書を使って、大人に必要な社会科、とくに「公民」の分野にあたる政治の知識について話していきたいと思います。

佐藤　井戸さんと書籍で対談するのは、3年前の『**子どもの教養の育て方**』以来ですね。今回はいまの大人たちにぜひしっかり学び直してほしい、政治の基本知識についてお話ししたいと思います。

井戸　佐藤さんは常々、ビジネスパーソンに学校の教科書を読むことをすすめていますよね。「なぜ教科書なのか」というところからまずはうかがいたいのですが。

佐藤　私がビジネスパーソンに教科書をすすめる理由は、整理すると次の3つです。

『読書の技法』
佐藤優
（東洋経済新報社）

ひとつは、拙著**『読書の技法』**にも書きましたが、本や新聞を読むにしても、あるいは専門家の話を聞くにしても、土台となる基礎知識が死活的に重要で、基礎知識に欠損があると、いくら本を読んだり専門家の話を聞いたりしても、知識が積み上がっていかないからです。

井戸　そうですね。たとえば経済学の教科書をがんばって読もうと思っても、出てくる数式がまったくわからないと読み飛ばしてしまいますよね。

佐藤　たしかに数式は面倒なので読み飛ばしがちですね。ただし、「自分の理解できるところだけをつなぎ合わせる読み方」は、きちんと内容を理解できないどころか、誤読する可能性も高いので危険ですよね。

2つめの理由はそれともつながりますが、「正しい知識を正しい方法で身につける」のが大事だということです。歴史小説を読んで日本史をわかった気になっている人を見かけますが、歴史小説はフィクションが混じっています。テレビのコメンテーターの意見をうのみにして政治をわかったつもりになるのも、同じことです。

井戸　政治家や企業経営者でも、歴史小説が愛読書という人は多いですよね。

佐藤　もちろん、娯楽として楽しんで読んだり、歴史を学ぶ動機付けやモチベーションを高める材料に使ったりするのはいいんです。でも、「歴史小説で日本史を勉強する、知識と教養を身につける」というスタンスは間違っています。

井戸　たしかに、私も歴史の本は好きですが、高校時代に歴史小説を読んで頭に刷り込まれた「徳川家康＝狡猾《こうかつ》」「豊臣秀吉＝人たらし」みたいな先入観からなかなか抜け出せず、大学の史学科で学んだ史実とのギャップに戸惑ったことがあります。

佐藤　それが物語のもつ強さでもあり、また怖さでもありますね。

井戸　だから、教科書を使って正しい知識を身につけることが大切なんですね。

佐藤　ただし、教科書だって完璧ではありません。教科書というのは、いわば現代における ひとつの「知の型」なんです。もちろん、その「型」自体も学問の進化によって変わってきています。また、「型破り」の世の中になっているので、いまは「型」だけを見ていても世の中は見えてこないのも事実です。しかし、「型破り」は「型」を知っていてはじめてできることです。

井戸　「型破り」と「でたらめ」は違うと、『子どもの教養の育て方』の対談でも話題になりました。「型破り」の時代だからこそ、まずは「型」としての教科書が必要なんですね。

佐藤 そう思います。教科書が通用しない時代、別の言い方をすれば、パラダイムが転換している時代だからこそ、まずは「型」を知るのが大切だということです。これが、ビジネスパーソンに教科書をぜひ読んでほしい3つめの理由です。

❖要点と結論がかいつまんで書かれている小学校の教科書

井戸 それでも、佐藤さんが学校教科書の中でも小学校の教科書をすすめるのは、今回がはじめてですよね。なぜ小学校の教科書なんでしょうか。

佐藤 小学校の教科書を使おうと思った理由は、大きくいって2つあります。ひとつは、ビジネスパーソンの読者からいろいろな勉強法の相談を受ける中で、じつは「知識の欠損部分」は、高校レベルよりもっと前の、小学校・中学校レベルにあることが少なくないことに気づいたからです。

井戸　たしかに数学や理科など理系科目に限らず、歴史や地理でも、基本中の基本、小学校や中学校で学ぶことさえ知らなかったりしますよね。

佐藤　以前、早稲田大学の政治経済学部の3年生と慶應の大学院生に、歴史の年号を書いてもらう小テストをしたことがあります。100問中、平均正解率が5%というのがまず衝撃的で、同じ間違いでも「広島への原爆投下＝1964年」「ソ連崩壊＝2006年」「二・二六事件＝1950年代」という答案まであり、頭が痛くなりました。早慶という偏差値の高い学生にしてこの実態です。

井戸　それでまずは小学校の教科書から見返してほしいということなんですね。小学6年生の社会科の教科書は、上巻が歴史、下巻が公民と分かれているのが主流で、下巻は80ページ程度のものもあり、さらっと読めるという利点もありますよね。

佐藤　まさにそれが、私が小学校の教科書をすすめるもうひとつの理由です。中学や高校の教科書もいいのですが、説明が詳しい分、要点と結論が見えにくいという側面があるんです。その点、小学校の教科書は、要点と結論がかいつまんで書かれている。知識の総量としては限られていますが、その分、エッセンスが詰まっていて、読みやすくてわかりやすいんです。

井戸 今回、参考にした何種類かの教科書も、ページ数は薄いのに、ひととおり教養として知っておくべき内容がコンパクトに網羅されていますね。必要最低限のことしか書かれていないので、裏を返すと、ここで引っ掛かるようだと、その分野の知識がすっかり抜けてしまっているという判断材料にも使えそうです。

佐藤 そうですね。「知識の欠損部分」を埋めるには、自分が理解できている部分と理解できていない部分の仕分け作業が、まずは重要になります。小学校の教科書はその格好の材料だと思いますね。

井戸 ただ、「小学6年生の教科書を読むのは恥ずかしい」というビジネスパーソンもいるかもしれませんね。

佐藤 そういう「プライドの檻」から抜け出さないと、いつまでたっても土台となる知識は身につきません。背伸びして実力以上の本を読んでも、知識が積み上がっていかない。自分の知識レベルを虚心坦懐に認め、欠損部分を早く埋めた人が最終的には得をしますからね。

❖小学校と高校の教科書を比べてみると

井戸 先ほど「必要最低限のことしか書かれていない」といいましたが、改めて小学6年生の教科書を見てみると、扱っているテーマ自体はかなり高度ですよね。「非核三原則」や「国民主権」なども出てきます。

佐藤 「国民主権」の話が出たので、小学校の教科書の該当ページを見てみましょう。

日本国憲法の前文には、「主権が国民にある」と書かれています。これは、日本の政治の主人公は、私たち一人一人の国民であり、政治は国民の考えによって行われるということです。

佐藤 同じ「国民主権」について、高校の教科書ではこう説明されています。

日本国憲法前文は、「主権が国民に存する」ことを宣言した上で、「そもそ

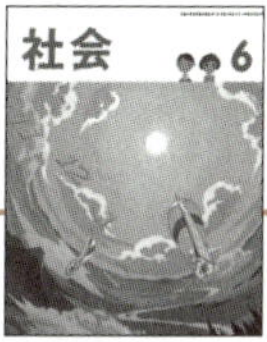

国民主権についての説明［小学校の教科書］

国民主権

日本国憲法の前文には，「主権が国民にある」と書かれています。これは，日本の政治の主人公は，私たち一人一人《ひとり》の国民であり，政治は国民の考えによって行われるということです。国民のだれもが，20さいになると選挙で国会議員を選べるということも，国民主権の現れといえます。

（光村図書『社会6』173ページ）

国民主権についての説明［高校の教科書］

国会の開会を宣言する天皇

いる。

国民主権と象徴天皇制　日本国憲法前文は，「主権が国民に存する」ことを宣言した上で，「そもそも国政は，国民の厳粛《げんしゅく》な信託《しんたく》によるものであつて，その権威は国民に由《ゆ》来《らい》し，その権力は国民の代表者がこれを行使《こうし》し，その福利は国民がこれを享受《きょうじゅ》する」としている。また，天皇の地位を規定する第１条でも，「天皇は，日本国の象徴であり日本国民統合の象徴であつて，この地位は，主権の存する日本国民の総意に基く」と定めて，明確に国民主権を示している。

（山川出版社『詳説政治・経済』28ページ）

も国政は、国民の厳粛な信託によるものであって、その権威は国民に由来し、その権力は国民の代表者がこれを行使し、その福利は国民がこれを享受する」としている。

井戸　言葉は小学校の教科書のほうがやさしく書かれていますが、内容はほぼ変わりませんね。

佐藤　ただ、ここで重要なのは、小学校の教科書も高校の教科書も、いちばん難しい「主権」という言葉の定義をしていないことです。そもそも「主権」って何でしょう？

井戸　「主体的に決める権利」でしょうか。

佐藤　そうですね。同時に、最も主要な権力という意味もあります。ただ、権利ということでいえば、たとえば人権といっても、時代によって概念が変わってきます。同じように、主権の概念もいろいろと変わっているんです。そういう難しいことに関してはあえて定義をせず、大学以上に先送りしているわけですね。

井戸　まだこの段階で教えるのは早いということなんでしょうね。

❖教科書という「ハシゴ」は、2階に上がったあとは下に落とす

井戸　先ほど、教科書は「型」で、いま社会で起きていることは「型破り」だという話がありましたが、いまは価値観が多様化してきて、社会も複雑になっています。正しいものが負けて正しくないものが勝つこともあれば、いままでのパラダイムが通用しないこともある。だからこそ、まずは教科書に書いてあることを知識として押さえつつも、別の読み方をしていく必要もあるということでしょうか。

佐藤　そのとおりだと思います。たとえば選挙については、小学6年生の教科書で

こう説明されています。

日本国憲法のもとでは、20才以上のすべての国民は選挙権をもっています。選挙権は、国民が政治に対する意見を示す権利の一つで、憲法に定められた国民主権の代表的な例です。この権利を生かすためには、選挙で国民の一票一票が大切にされ、選ばれた議員は、国民の代表として、国民の意思にそう仕事をしなければなりません。政治のあり方を最終的に決めるのは、国民の一人一人なのです。

佐藤　これを読むと、選挙は一見、平等に行われるもののように思われますが、実際には被選挙権を見れば、いまでも「世襲」という問題が裏に隠れています。選挙に限らず、たとえば非核三原則についても、裏には密約があるわけです。

井戸　沖縄への核持ち込みの問題ですね。2009年の民主党政権で外務大臣だった岡田克也さんが調査を命じ、翌年、外務省調査委員会は、核の持ち込みについて

選挙についての説明［小学校の教科書］

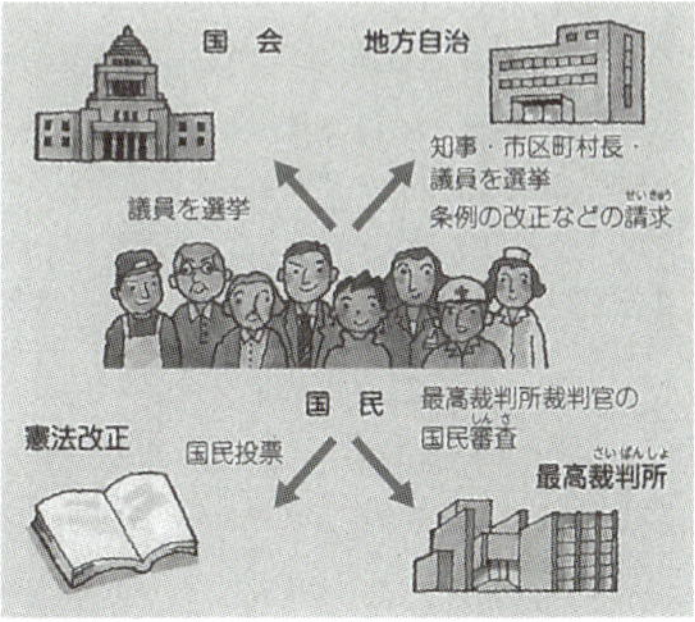

国民主権

国の主人公は国民

日本国憲法《けんぽう》のもとでは，20才以上のすべての国民は選挙権《けん》をもっています。選挙権は，国民が政治に対する意見を示す権利の一つで，憲法に定められた国民主権の代表的な例です。この権利を生かすためには，選挙で国民の一票一票が大切にされ，選ばれた議員は，国民の代表として，国民の意思にそう仕事をしなければなりません。政治のあり方を最終的に決めるのは，国民の一人一人なのです。

（教育出版『小学社会6下』30ページ）

『論理哲学論考』
ウィトゲンシュタイン
（岩波文庫）

広義の密約があったと結論付けたことがありました。

佐藤　そうでしたね。もともと「守り切れない約束」だから、そういうことをしていたわけです。

井戸　世の中で起きていることを読み取るために、「裏の社会科」も大事だということですね。民主主義があれば、その裏に反民主主義が隠れているというように。

佐藤　そうです。そこで重要になるのが、ドイツの哲学者ウィトゲンシュタインの理論です。彼は**『論理哲学論考』**の最後のところで、こう述べています。

私を理解する人は、私の命題を通り抜け――その上に立ち――それを乗り越え、最後にそれがナンセンスであると気づく。そのようにして私の諸命題は解明を行なう。（いわば、梯子《はしご》をのぼりきった者は梯子を投げ棄てねばならない。）

私の諸命題を葬りさること。そのとき世界を正しく見るだろう。

（『論理哲学論考』149ページ）

佐藤　これは、自らが語ってきた哲学は無意味であり、最後まで読んで2階までハシゴを上った者は、そのハシゴを下に落とさなければならないということです。

井戸　ハシゴを落としたとき世界を正しく見ることができる、と。

佐藤　ええ。教科書は何のために必要かという話に戻れば、教科書はまさに「ハシゴ」なんです。教科書に沿って学ぶのは高校までで、大学では教科書はあまり必要としません。それは、大学は教科書の上に立って、自分で積んでいく勉強をしなければいけない世界だからです。

井戸　ただ、そこに行くまでに、まずは2階に上がるためのハシゴ（教科書）が必要だということですね。

佐藤　そうです。2階に上がる技法をまずは身につけ、2階に上がってからは、自分で2階を歩かなければいけない。さらに3階に上がるのか、あるいは2階で心地いい場所をつくっていくのか、自分で考えて選ぶ。そういうことができる能力を身につけなければいけないわけです。

❖「裏の社会科」も必要——教科書には「表のこと」しか書かれていない

井戸　「裏の社会科」という話に戻ると、教科書には「表のこと」しか書かれていないという側面がありますよね。「立派な人たちが立派な社会行動をとる」ということが前提になっています。

佐藤　教科書は、基本的に「性善説」によってつくられていますからね。でも、人間には性悪な面があるのは否めない事実です。

井戸　「悪の社会科」ともいえるわけですね。

佐藤　たとえば教科書を見てみましょう。これは2014年度まで使われていた旧課程の教科書ですが、ドイツは資源を有効に活用する仕組みが進んでいる国のひとつとして紹介されています。

ドイツは、資源を有効に活用するしくみづくりが進んでいる国の一つです。ドイツでは、製品の包装材を回収してリサイクルすることが、製造者に義務

ドイツのリサイクルについての説明［小学校の教科書］

広げ深める

地球環境《かんきょう》を守るために

わたしたちの暮《く》らしや産業活動は，大量のエネルギーを消費することによって成り立っています。一方で，それによって，地球環境が悪化したり，限りのある資源《しげん》をこのまま使い続けることができなくなるといった問題も起こっています。

資源を有効に活用し，地球環境問題を解決していく暮らしや社会のあり方について，外国の例も見ながら，考えてみましょう。

リサイクル社会のしくみづくり

ドイツは，資源を有効に活用するしくみづくりが進んでいる国の一つです。ドイツでは，製品の包装材《ほうそうざい》を回収《かいしゅう》してリサイクルすることが，製造者に義務付けられています。消費者は，決められた方法でごみを分別し，回収業者がそれを引き取って，リサイクルするものとそうでないものに分け，それぞれの施設《しせつ》に運びます。また，一部の飲料の容器については，デポジット制（容器の代金を価格に上乗せし，回収の時にはらいもどす方法）を取り入れて，回収率を高める取り組みをしています。

国や自治体だけでなく，企業《きぎょう》や消費者も，環境への意識をもって生産したり生活したりする制度がつくられています。

➲容器回収ボックス　缶《かん》やペットボトルを入れると，デポジット分がはらいもどされます。

新しいエネルギーの開発

石油などの限りある資源にたよらない，新しいエネルギーの研究・開発も，世界各国で取り組まれています。太陽光，風力，地熱などのエネルギーは，自然界で再生が可能なことなどから，将来《しょうらい》的に安定したエネルギーを得る手段《しゅだん》として，注目されています。

➲中学校の敷地《しきち》内に設置された太陽光発電用のパネル(岩手《いわて》県葛巻《くずまき》町)

➲地熱発電所(鹿児島《かごしま》県指宿《いぶすき》市)

◇ 67

（教育出版『小学社会6下』平成22年3月10日検定済の版、67ページ）

付けられています。消費者は、決められた方法でごみを分別し、回収業者がそれを引き取って、リサイクルするものとそうでないものに分け、それぞれの施設に運びます。

井戸　ドイツのリサイクルは本当に細かく定められているようですね。ビンも色別に回収するなど、ノイローゼになるくらいごみの分別が厳しいと聞きます。

佐藤　実際、製品の包装材を回収してリサイクルすることが製造者に義務づけられています。しかし、それは「表」の話なんです。じつは70年前は、ドイツでは別の形で〝リサイクル〟が行われていました。

井戸　70年前というと……ナチスと絡んでくるのでしょうか。

佐藤　ご明察のとおりです。**『健康帝国ナチス』**を読むと、ナチスは非常に健康にこだわっていたことがわかります。禁煙運動もナチスが始めたことで、「生涯現役」というのもナチスの思想です。「働けるだけ働いて、その後はできるだけ早く死んでほしい」という発想からきている。ナチスは食品の安全にも取り組みました。無

『健康帝国ナチス』
ロバート・N・プロクター
（草思社文庫）

着色バターや胚芽入りのパンを食べるようになったのはナチスの時代からです。

井戸　健康診断、がん検診もナチスが始めたものだと聞いたことがあります。

佐藤　ナチスが健康にこだわった理由は、「医療費を削減する」という目的だけでなく、「身体は総統のものだ」という発想があったからです。われわれの身体はわれわれが勝手に処理していいものではなく、健康体を維持しなければいけない。つまり、人間という資源の効率的な利用です。この資源の効率的な利用という考え方が、いまドイツでは人間に向かわずに、ごみに向かっているわけです。

井戸　なるほど、「表の社会科」だけでは見えてこない、「裏の社会科」があるということですね。

佐藤　そうです。その両方から解説していこうというのが、この本の狙いです。

❖「光と闇」「表と裏」の両方を学ぶ

佐藤　哲学者で社会学者のホルクハイマーとアドルノが書いた『**啓蒙の弁証法**』と

『啓蒙の弁証法』
ホルクハイマー／アドルノ
（岩波文庫）

いう本では、人類は啓蒙によって文明を獲得したのに、ナチスのような新しい野蛮に向かった、その啓蒙の光と闇が検証されています。

　現代教育では「光」の部分の教育はやるわけです。しかし、その裏にある「闇」の部分も一緒に勉強しなければいけない。

井戸　たしかに表だけを見ていると、自分で考えることができない人間になってしまうかもしれませんね。悪があるから、危険があるから、考えることもできるわけです。

佐藤　それを「表と裏」という形で見ていって、うまくバランスをとることが大事です。それは完全に五分五分ということではなく、表が8割か8割5分、裏の部分が2割から1割5分ぐらいのバランスで見ていくのがいいと思います。

　要は、この世の中には、学校の「表」の教育だけでは見えてこない「悪」や「闇」の部分もある、ということです。実際問題、社会には悪い人もいるわけですから。

井戸　そうですね。では、自分で考えることができる人間になるためにはどうすればいいのか。小学校の社会科の教科書からテーマを立てて順に話していきましょう。

序章のまとめ

01 土台となる**基礎知識に欠損**があると、いくら本を読んだり専門家の話を聞いたりしても、知識が積み上がっていかない。

02 「知識の欠損部分」は、**高校レベルよりもっと前の、小学校・中学校レベルにある**ことも多い。「欠損」を認め、早く埋めた人が最終的には得をする。

03 **「正しい知識を正しい方法で身につける」**ことが大事。たとえば歴史小説は娯楽で読むもので、「歴史小説で日本史を勉強する」のは大間違い。

04 教科書は、**現代におけるひとつの「知の型」**。まずは教科書で「知の型」を身につける。

05 **「型破り」と「でたらめ」は違う**。「型破り」は「型」を知っていて、はじめてできること。

06 中学・高校の教科書は、情報量が多い分、読みにくい。小学校の教科書は、**知識の総量は限られるが、エッセンスが詰まっていて**わかりやすい。

07 小学校の教科書も、中学・高校の教科書も、**書かれている内容自体は大きくは違わない**。ただし本当に難しい内容には、あえてどの教科書も踏み込まず、大学以上に先送りしている。

08 教科書は基本的に「性善説」でつくられているので、**「表のこと」しか書かれていない**。世の中で起きていることを読み取るには、**「裏の社会科」**も必要。

09 ただし、「表の社会科」と「裏の社会科」は、「5対5」ではなく**「8対2」くらいのバランスで学んでいくの**がちょうどいい。

第I部

国の仕組みはどうなっている？

井戸　まず第I部では、「国の政治の仕組み」を知るということで、「国会」「内閣」「裁判所」の3つについて話したいと思います。教科書では次のように書かれています。

日本では、国の政治を進める役割を立法・行政・司法に分け、それぞれの仕事を国会・内閣・裁判所が分担して行っています。それぞれの機関がその役割を実行するとともに、おたがいの役割がきちんと実行できているかどうかを調べる役割をもつことで、一つの機関に権力が集中し

三権分立についての説明［小学校の教科書］

裁判所《さいばんしょ》のはたらき

人々の間で争いごとや犯罪が起こったときに，憲法《けんぽう》や法律《ほうりつ》にもとづいて判断し，解決するのが裁判所の仕事です。国民は，だれでも裁判を受ける権利《けんり》をもっています。裁判の判決は重要な意味をもつことから，より公正で慎重《しんちょう》な裁判が行われなければなりません。

2009（平成《へいせい》21）年からは，国民が裁判に参加する裁判員制度が始まりました。この制度を通して，国民の意見が裁判に生かされ，裁判に対する国民の関心が高まることが期待されています。

日本では，国の政治を進める役割《やくわり》を立法・行政・司法に分け，それぞれの仕事を国会・内閣《ないかく》・裁判所が分《ぶん》担《たん》して行っています。それぞれの機関がその役割を実行するとともに，おたがいの役割がきちんと実行できているかどうかを調べる役割をもつことで，一つの機

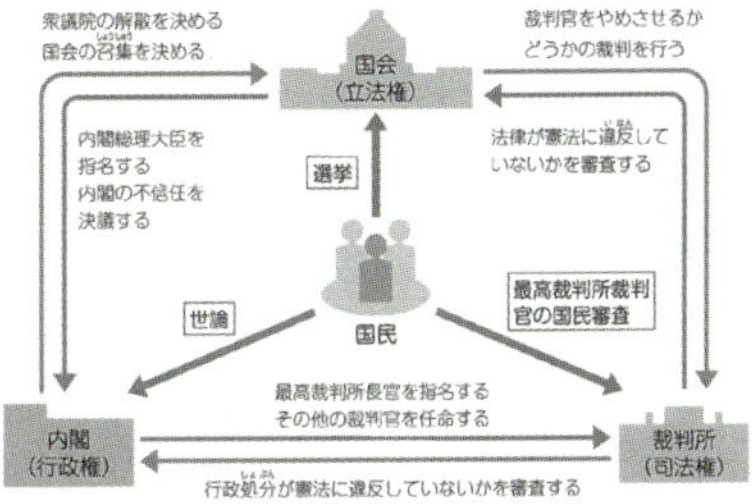

関に権力が集中しないようにしています。このようなしくみを，三権分立《さんけんぶんりつ》といいます。これは，民主主義の政治を進めるための大切なしくみです。

（教育出版『小学社会6下』16〜17ページ）

ないようにしています。このようなしくみを、三権分立といいます。これは、民主主義の政治を進めるための大切なしくみです。

井戸　どの教科書でも、前半ではこの三権分立を基本とする「国の政治の仕組み」について、要点がしっかり書かれていますね。

佐藤　民主主義のいちばん基本の話だからでしょうね。

井戸　この本でも、まずは国の仕組みの基本であるこの三権で、具体的にどのように国が運営されているのかについて、順に見ていきましょう。

第I部 国の仕組みはどうなっている？

第1章

これだけは知っておきたい「国会」の基礎知識

【法律をつくる】

❖国会の仕事の中心は「法律をつくること」と「予算を決めること」

井戸　「国の政治の仕組み」を知るにあたって、まずは立法を司る「国会」から話を始めます。最初に、小学6年生の教科書にある説明を見てみましょう。

国会では、国民の暮らしに関わる法律や、政治を進めるために必要な予算などについて話し合い、多数決で決めています。国の政治の方針を決める重

国会についての説明［小学校の教科書］

国会のはたらき

国会では，国民の暮《く》らしに関わる法律《ほうりつ》や，政治を進めるために必要な予算などについて話し合い，多数決で決めています。国の政治の方針《ほうしん》を決める重要な仕事なので，衆議院《しゅうぎいん》と参議院《さんぎいん》という二つの議院で話し合いを行い，慎重《しんちょう》に決定するしくみになっています。市区

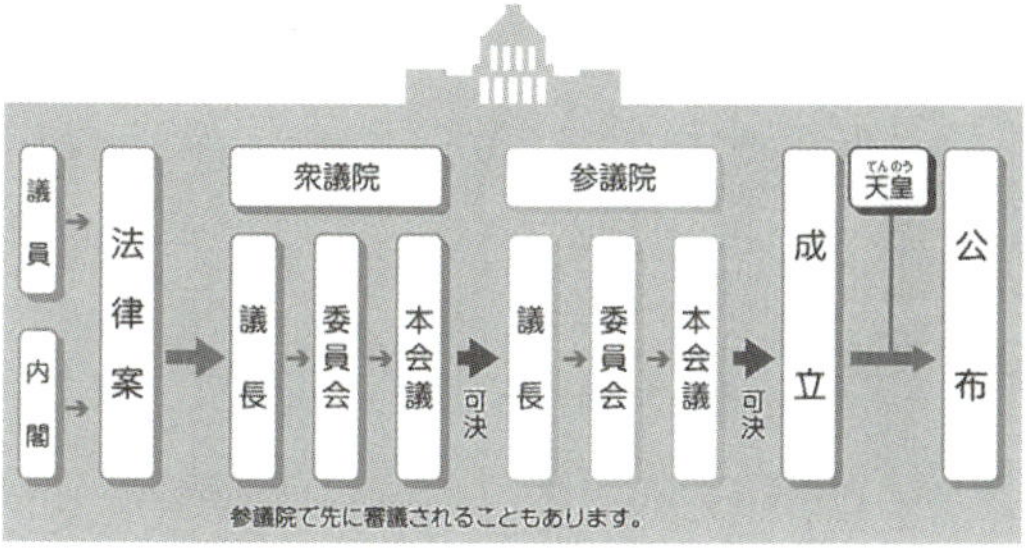

法律ができるまで

（教育出版『小学社会6下』12ページ）

要な仕事なので、衆議院と参議院という二つの議院で話し合いを行い、慎重に決定するしくみになっています。

井戸　国会の主な仕事は「法律をつくること」と「国の予算を決めること」という基本が、教科書ではきちんと説明されていますね。もちろん、ほかにも総理大臣を指名したり、内閣不信任の決議、憲法改正の発議、条約を承認したりするといった重要な権限も与えられています。

佐藤　法律や予算を決めるというのは、いわば「国民の利益を調整する作業」です。ひとくくりに国民といっても、国民の中にはいろいろな立場や考えの人がいます。さまざまな国民の利益を調整する場として、国会に法律をつくったり予算を決めたりする権限が与えられているわけです。だから、国会議員は法律のプロ、「法律をつくる」プロです。井戸さんも法律についてはかなり勉強されていますよね。

井戸　法律すべてではありませんが……。私は無戸籍者への支援活動をしていますが、無戸籍者は民法に問題があることが原因で生まれるんです。これを是正すべく民法の改正に取り組んでいるので、家族制度についての法律はかなり勉強しました。

佐藤　ご自身のお子さんが無戸籍になった経験から行動を起こしたんですよね。

井戸　はい。きっかけは私自身の経験で、詳しくは「裁判所」のところ（111ページ）でお話ししますが、無戸籍に関して新たな「判例」をつくり、それをもとに多くの無戸籍の子どもたちを救うことができました。

佐藤　画期的なことでした。法律は人間がつくったものなので、必ずどこかに落とし穴があります。その落とし穴をきちんと埋める努力をするのが政治家の仕事なんですね。井戸さんは、そこで非常に重要な仕事をしたと思います。

井戸　いつも佐藤さんにはご支援やご助言をいただき、本当に感謝しています。

❖政治家の法律観と弁護士の法律観はどこが違う？

井戸　この経験の中で思ったのは、佐藤さんがいまおっしゃったように「法律は決して完璧ではない」ということです。要はそれに気づくかどうかなんですよね。弁護士はいままでの判例の中で考えますが、その問題に直面している当事者は、なんとか突破口がないのかと考えます。両者では法律を見る目が違ってくるんですね。

佐藤 弁護士と政治家でも、まさにそこのところが違いますね。田中角栄の愛読書は六法全書だったそうですが、彼は法律の条文だけを読んで、その隙間を見つけていく天才だったわけです。法律専門家だったら出てこないような乱暴な解釈が、彼にはできたんですね。

井戸 田中角栄元首相というのは、いろいろな問題について「当事者意識」が強かったんだと思います。そして、法律を斜めや裏から見る「裏の社会科」にも長けていた。「当事者意識」と「裏の社会科」の2つは、本当に国民が必要とする「瀬戸際」に対応できる法律をつくるために、政治家に求められる必須の条件かもしれません。

佐藤 そういう意味でも、弁護士の法律観よりも国会議員の法律観のほうが重要なんです。弁護士には技術的な法律知識はあっても、そもそもの「法律を制定する」という発想がありませんから。

井戸 なぜそういうことになるのでしょう?

佐藤　いろいろな要因があると思いますが、ひとつは、日本では「法哲学」が軽視されているからでしょう。すべての学問には、その前提になる哲学があります。歴史学には歴史哲学が、言語学には言語哲学があります。医学にも数学にも哲学があります。数学の哲学は「数学基礎論」という言い方をします。

法学にも、法律をどのようにつくるかという、法哲学があるんです。そういうものを無視すると、たとえば憲法に関して「解釈は全部、総理大臣ができるんだ」というような、憲法によって国家をしばる立憲主義を無視したような発言が出てくる。まさに、法哲学の欠如から出てくる話です。

井戸　法哲学がいかに重要かということがよくわかる例ですね。「法律を制定する」というところでは、弁護士に限らず、裁判官にも同じ傾向がありますよね。

佐藤　そのとおりです。だから人権派の裁判官でも弁護士でも、発想が非常に保守的になるわけですね。最初に法律ありきで、「法律は人がつくるものだ」という発想が希薄なんです。

井戸　私もそれを感じます。実際問題、法務大臣も出身が弁護士ではない人がなったほうが、いろいろなことが前に進みます。

私も人権関連でいろいろな人のところに相談に行きますが、裁判官や弁護士出身の方だと、「法律の範囲の中で何をやるのか」という「法解釈」の話になるんです。これが司法試験を経ていない政治家の先生だと、「法律がおかしいなら変えよう」「別の法律を制定して対応できないか」という話になります。

佐藤　そこのところで、法曹出身者には限界があると思います。

井戸　だからこそ政治家には弁護士や裁判官の役割とは違った、法律をつくり、法律を手直しするといった、現実に合わせる力が必要なんですね。

予算を決める

❖「国の予算を決めること」も国会の重要な仕事

『代議士は
毎日何をしているのか』
小牧ひろし
（草思社）

井戸　もうひとつ、教科書に国会の仕事として書かれている「国の予算を決めること」についてはどうでしょうか。国の予算は政府によって毎年編成され、国会で承認されます。その予算を実行するためには法的な裏付けが必要です。

佐藤　予算というのは、限りがありますよね。それを分配しなければいけない。そこで、先ほどもお話しした国民の利益を調整するために、議会が出てくるわけです。

井戸　国会で与野党が逆転して政権が代わると、予算の配分もずいぶん変わります。通常、毎年8月末に次年度予算について各省庁から概算要求が提出されます。

２００９年の政権交代時は、8月30日が衆議院選挙の投票日で、民主党政権が発足したのが9月16日でした。したがって、必然的に前政権の予算を引き継がざるを得ない部分がありました。「子ども手当」などの看板政策や、事業仕分けなどの新しい手法も導入したので、かなり変則的な日程での予算編成となりました。

佐藤　政権が代われば、基本的に予算の配分も変わります。政党というのは、全体ではなく、何かしらの「部分の代表」なんです。この話はあとでしますが、その「部分の代表」が限りある予算を分配する場所、それが議会なんです。

だから予算案が出たときに賛成するか反対するかが、与党か野党かを区別する重要なポイントになります。基本的に、野党である以上は予算案に反対しますよね。

予算の仕組みについては、少し古い本ですが、小牧ひろしさんの**『代議士は毎日何をしているのか』**には、裏話も含めていろいろとわかりやすく書かれています。

【議会制】

❖国会は「政党政治」がぶつかりあう場所

井戸　国会議員は基本的に、政党に所属して活動しています。「政党は議会制民主主義の必然である」ともいわれますよね。

佐藤　国会は国権の最高機関ですが、そもそも国会、議会は「政党政治」を前提としています。つまり、それぞれの党の代表が出てきて、その中で折り合いをつけていかなければならない場所です。

井戸　明治憲法下で最初に議会が開かれたときには、政党はあったわけですよね。

佐藤　はい。ただ、歴史を振り返れば、戦前は国会の地位が低かったわけです。明治の前半はその国会もなかった。そのときの内閣を「超然内閣」といいます。

井戸　「超然内閣」というのは馴染みのない言葉ですね。

佐藤　民意とは違った、超然したところで政治をするということです。選ばれたエリートたちがいろいろ決めることが、結果的に下々にとって幸せだろうという概念から来ています。ところが、「下々なんていうものはない、みんな一緒なんだ」という考えが起こってきて、国会が強くなってきたという経緯があるわけです。

井戸　近年は、国会はいつまでも審議に入れなかったり、空転したり、強引に法案を可決させたりと、問題が多い気もします。

佐藤　議会というのはベストの方法ではありませんが、いまのところ、これを超える方法は見つかっていないわけです。さまざまな歴史を経て発展してきた議会制という制度も、長い目で見ればまだ発展途上なんですね。

裏の社会科

【政党】

❖議員、政党は誰を代表しているか——民主党の支持離れの原因

井戸　国会が何をしていて、どんな場所なのかはこのくらいにして、序章でも話題になったように、「表のこと」だけでは世の中は説明できません。そこで、「政治家は誰の代表なのか」をテーマに、国会の「裏の社会科」について話していきます。

佐藤　たとえば教科書には、こんな説明が出てきますよね。これは、もちろん「表」の説明です。

国会での話し合いは、国民の代表者として選挙で選ばれた国会議員によって進められます。

井戸　つまり、国会議員は「国民の代表」ということで、当然の話ですが……。

佐藤　この場合の国民というのは全体をいっているわけですが、実際問題として、80歳以上の国民と20代の国民の利益は合致しているかというと、必ずしもそうではありませんね。年金ひとつとっても、20代の国民からすれば年金を納める額は低いほうがいいし、80代の国民には年金給付は多いほうがいい。矛盾があるわけです。

井戸　たしかに「世代間格差」という言葉もあり、年金をはじめ社会保障における世代間の不公平やそれに伴う対立は、よくメディアでも取り上げられます。

佐藤　そうです。ここで大事なのは、教科書の説明では「国民の代表者」とありますが、先ほども少し話したように、もともと政党というのは「ポリティカル・パーティ」つまり「部分の代表」だということです。

井戸　ただ、政治家の中には「全体の代表」をもって任じている人もいますよね。

国会議員についての説明［小学校の教科書］

国会での話し合いは，国民の代表者として選挙で選ばれた国会議員によって進められます。選挙で投票することは，20才以上の国民に認《みと》められており，国民が政治に参加するための大切な権利《けんり》です。

国会について調べたこと

●国会の働きは……

二つの議院で，国の政治の方向を多数決で決めること。

- 内閣《ないかく》総理大臣を指名する。
- 内閣を信任しないことを決める（衆議院）。
- 国の予算や法律を話し合って決める。
- 外国と結んだ条約を承認《しょうにん》する。
- 裁判官《さいばんかん》を裁《さば》く裁判を行う。
- 憲法《けんぽう》改正を国民に提案する。　　など

●選挙権《せんきょけん》は……

20才以上の国民に認められた権利で，国民が政治に参加し，願いを実現するうえで，とても大切なこと。

↑7こうきさんのまとめ

（東京書籍『新編新しい社会6年下』35ページ）

佐藤　「『部分の代表』ではなく『全体の代表』だ」といっている人は、ウソをついているか、あるいは、あるときはこちらの利益を犠牲に、次のときはこらちの利益を優先という形で、全体の利益を代表しているようにごまかしているかのいずれかです。そうすると、最後は「声の大きい人」が有利になるんです。

井戸　その話で思うのですが、民主党政権がうまくいかなかったのは、本来は「部分の代表」だったにもかかわらず「全体の代表」だと思い込んでしまったからではないでしょうか。たとえば「弱者の立場に立つ」といいながら、大企業に寄っていった部分もありました。そういう姿が民主党離れにつながったのだと思います。

佐藤　井戸さんがいちばん思い当たるのはどのあたりですか？

井戸　象徴的だったのは、パート労働者や非正規労働者の厚生年金と健康保険の加入拡大についてでした。それまでは週30時間以上勤務だったものを、「週20時間以上、年収106万円以上、従業員501人以上の会社に1年以上勤務する労働者を対象とする」としたんです。

佐藤　2012年の野田内閣のときのことですよね。

井戸　はい。本来なら、もっと条件を緩和しないと格差是正や貧困対策の効果はないのに、「それでは経営が立ち行かない」という企業の声を受けて、この条件で手を打った。生活者の立場からは「納得がいかない」という声も多く聞かれました。

❖政党は「部分の代表」に撤するべき

佐藤　どうしてそういうことが起きるかというと、小学校から高校までの社会科の教科書では、政党は「部分の代表」だということを教えていないからです。

井戸　たしかに、どの教科書にも書いてありませんね。

佐藤　教科書には、政治家は公明正大で、国民全体を代表して、みんなに万遍なく気配りをしないといけないというふうに書かれています。でも、「部分の代表」である政党が政権をとったら、「部分の代表」としての立場を貫けばいいんです。

たとえば、広範な中間層を代表する政党と、大企業を代表する政党などといった形で分かれていていい。アメリカでもイギリスでも、共和党と民主党、保守党と労働党では、政策が違いますよね。それで、もしもうまくいかなかったら、選挙で政権交代をすればいいんですから。

井戸　でも日本では、そのような形ではっきりとは分かれていないような……。

佐藤　日本の場合は、どの政党も政権をとったら「全体の代表」になろうとするから、自民党も民主党もだんだん似てきて、ほとんど差がなくなってしまう。国民が自分にとっての「部分の代表」を選べない状況になってきていますね。

井戸　たとえば「普天間基地の移設」も同じで、民主党政権は沖縄県民に寄り添ったようで、しかし最後はアメリカにおもねったように見えた。もちろん国益や国民の生活を考えての政策決定だったわけですが、有権者にしてみれば、自分たちの気持ちの代弁者が相手側に寝返り、裏切られたとの印象をもったのだと思います。その意味で、「部分の代表」になりきれなかったのは大いなる反省点です。

もともと民主党は、沖縄の政治基盤が弱いんです。ならば、たとえば九州・沖縄地区で比例代表の一位を沖縄出身の候補者にして当選させるということもできたはずです。沖縄を大事にする思いが不足していると思われても仕方がないですね。

第1章「国会」の基礎知識のまとめ

表の社会科

10 国会の主な仕事は**「法律をつくること」**と**「国の予算を決めること」**の2つ。

11 法律や予算を決めるのは**「国民によって異なる利害を調整する作業」**。その権限が国会に与えられている。

12 法律は人間がつくったものなので、**必ず落とし穴がある**。それを埋める努力をするのが政治家の仕事（国会議員は法律のプロであるべき）。

13 予算には限りがあり、それを**分配する場所が国会**。国の予算は政府によって毎年編成され、国会で承認される（毎年8月末に、各省庁が概算要求を提出）。

14 政権が代われば、予算の配分も大きく変わる。**予算案に賛成か反対か**が与野党を区別する重要なポイント。野党は基本的に予算案に反対する。

裏の社会科

15 国会議員は「国民の代表」と教科書には書いてあるが、**国民の利害は人や世代によって異なる**。

16 政党は「ポリティカル・パーティ」つまり**「部分の代表」**。「『部分の代表』ではなく『全体の代表』だ」という政治家は、**ウソかごまかしのいずれか**。

17 民主党政権の失敗は、本来は「部分の代表」なのに**「全体の代表」と思い込んでしまった**こと。

18 日本の政党は政権をとると、「全体の代表」になろうとして、どの政党も似てくる。国民が**自分にとって「部分の代表」を選べない状況**になっている。

第I部

国の仕組みはどうなっている?

第2章

これだけは知っておきたい「内閣」の基礎知識

【国家と社会】

❖内閣は「国家」と「社会」の接合点

井戸　次に、行政を司る「内閣」について話を進めます。ここでもまずは教科書の説明から見てみましょう。

国会で決めた予算を使って、実際に国民の暮らしを支える仕事をしているのが内閣です。

内閣についての説明［小学校の教科書］

内閣《ないかく》のはたらき

国会で決めた予算を使って，実際に国民の暮《く》らしを支える仕事をしているのが内閣です。

内閣の最高責任者が，内閣総理大臣（首相《しゅしょう》）です。国会で指名された内閣総理大臣は，国務大臣を任命して，

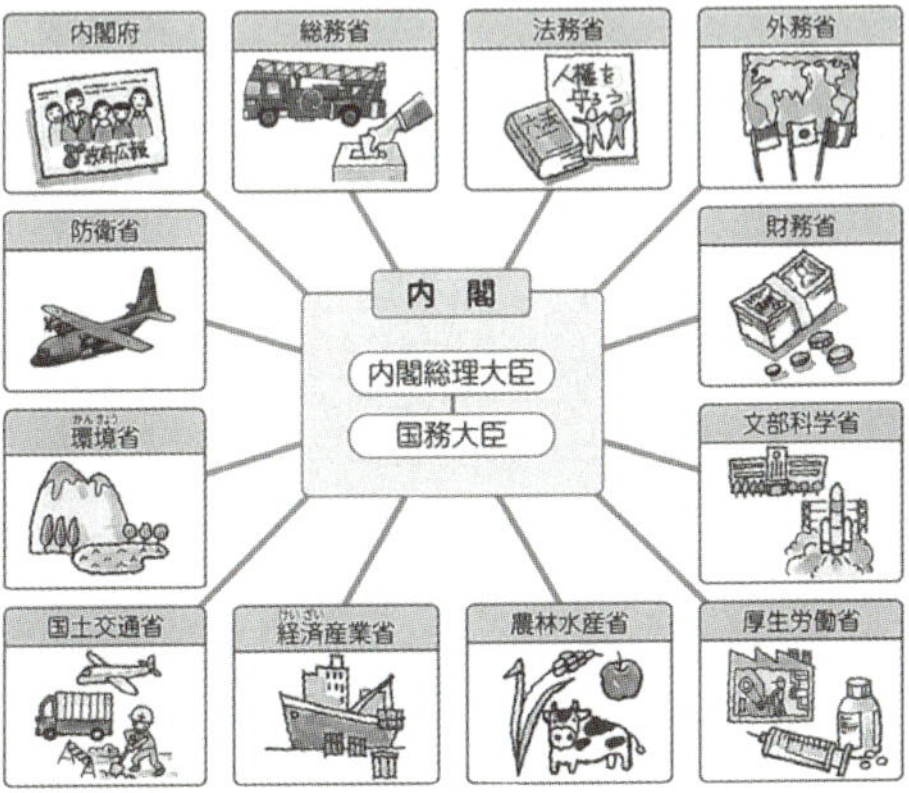

内閣のしくみ

内閣をつくります。内閣では，総理大臣と国務大臣たちが閣議を開き，政治の進め方を話し合います。

内閣のもとには，さまざまな府・省・庁が置かれ，仕事を分担《ぶんたん》して進めます。ほとんどの国務大臣は各省庁の大臣を務め，仕事の指示を出します。

わたしたちは，それぞれの省の仕事が国民の暮らしとどのように関わっているのか，分担して調べてみました。

（教育出版『小学社会6下』14〜15ページ）

内閣の最高責任者が、内閣総理大臣(首相)です。国会で指名された内閣総理大臣は、国務大臣を任命して、内閣をつくります。内閣では、総理大臣と国務大臣たちが閣議を開き、政治の進め方を話し合います。
内閣のもとには、さまざまな府・省・庁が置かれ、仕事を分担して進めます。

佐藤優の深掘り講義❶

国家による教育が必要な理由

佐藤 内閣について話すにあたっては、まずは「国家」と「社会」について考えておく必要があります。なぜなら内閣は、その両方が重なる場所にあるからです。
井戸 国家と社会は別のものということですね。
佐藤 そうです。われわれは、国家と社会を分離して考えることが苦手になっています。それは、産業社会に生きているからです。

産業社会では労働者を必要とします。労働者は、産業の流行が変わると、それに対応できないといけない、つまり流動的でなければいけません。

たとえば、いままでは綿糸をつくっていたけれど、今度は鉄鋼をつくらないといけない。さらに鉄鋼からITになったりする。こういう変化が起こると、労働者はそれに即して働く場所を変えていかないといけないわけです。

そのときに労働者に必要なのは、マニュアルを読めることです。そのためには、国家による教育が必要になってきます。

じつは社会科の教育というのは、まさにそれに対応できるようになるためにあるわけです。

❖「社会の代表」で「官僚の長」という矛盾を克服できるか

井戸　国家と社会は別のもので、その2つを分けて考える必要があるというのは？

佐藤　内閣はまさに国家と社会の間みたいなところで、内閣というのはじつは非常に矛盾した場所だからです。

井戸　矛盾した場所というのはどういうことですか？

佐藤　たとえば「民主党の代表」や「自民党の総裁」は、社会から選ばれてくる代表です。政党は社会に属しており、国家機関ではありません。政党が国家に属するとなると、ソ連みたいな国になってしまう。政党は、基本的には社会から生まれてくる「私的結社」と考えたほうがいいと思います。それに対して、内閣総理大臣はもうひとつ、「官僚の長（国家の代表）」という地位をもっています。

そこを押さえると、政権交代で期待を集めた民主党政権がどうして崩壊したのか、なぜ総理大臣が3人も続けて1年程度で交代を余儀なくされたのかが見えてきます。

井戸　「社会の代表」であり「官僚の長（国家の代表）」でもあるという矛盾を解決できなかった……。

佐藤　そのとおりだと思います。「官僚の長（国家の代表）」としての立場と、「社会の代表」としての国民から選ばれている立場で板ばさみ状態に陥り、その決着がつかなくなってしまったんですね。

『招かれざる大臣』
長妻昭
（朝日新書）

井戸　そのあたりは、感覚的に非常に理解できます。

政権交代で長妻昭さんが厚生労働大臣になりました。年金問題で国民的ヒーローになったものの、厚生労働省とは大臣を辞めるまで信頼関係を築けなかったといわれています。その結果、国民が期待したような目覚ましい成果は出せずに、中途半端な形で交代に。長妻さんの著書**『招かれざる大臣』**を読むと、複雑な思いがします。

自民党は長く政権の座にいて、「社会の代表」でありつつ「官僚の長（国家の代表）」でもあるという矛盾を上手に調整する能力があるんですね。

野党がラクな理由

井戸　内閣は「国家」と「社会」のどちらの立場に立てばうまくいくのでしょうか。

佐藤　そこが非常に難しいところです。例をあげてお話ししましょう。

「社会」ということを基準に考えるならば、たとえば朝鮮学校の生徒たちも、朝鮮総連のメンバーも、日本で生活している限り、日本社会に所属していることは間違いないわけです。

井戸 社会が基準なら、日本国籍をもっているかどうかは重要ではなくなってきますね。

佐藤 そうなんです。高校無償化でいうと、教育を社会の機能だと考えるなら、朝鮮学校も無償化の対象にするのは当たり前だということになります。しかも、彼らは税金も払っています。子ども手当の給付も当然、対象になります。

ところが「国家」に軸を置くことになると、決定的に重要なのは「国籍」になります。そしてもっと極端なことになると、国家の道徳や価値観にそぐわない人物がいると「非国民」という思想が出てくる。国籍は日本人でも「本当の日本人」ではないという発想になります。

井戸 この問題だけではありませんが、たとえば「朝鮮人学校も無償化の対象にすべきだ」という発言をすると、それこそ「非国民」との批判を受け、国会議員の事務所には真っ黒に塗られたファクスや抗議文が送られてきます。真っ黒というのはそれだけインクを食いますから、経費がかかるようにとの嫌がらせでもあるんです。

佐藤　まさに国家に軸を置いた考えですね。でも、内閣というのはその本質において社会と国家の接合点です。だから内閣に入る、与党になるということは、政治家としては大変な矛盾を引き受けることになる。そこにいくと野党はラクなんです。「社会の代表」として機能していればいいわけだから。

井戸　先ほど、民主党は弱者に寄り添う姿勢からブレたといいましたが、国会での質問では、与党になってからも「批判」という芸風から脱することができませんでした。その結果、与党として出している予算や政策に与党議員が異議を唱え、あら探しをするという、とんちんかんな議論があちこちで起こり、党内での不信にもつながりました。そのベースには「小沢vs.反小沢」の構図、まさに党内権力闘争があったわけです。非常にお粗末な状況でした。

佐藤　そうでしたね。つまり、与党になる準備というのは、じつはすごく大変なんです。しかも与党というのは、ややもすると国家に引き寄せられてしまう。そうすると、官僚に近い発想になってきますから。

大統領制と議院内閣制

❖いま世界は「王制」に向かっている

井戸　与党になったとたんに「国家」と「社会」の板ばさみになるというお話ですが、日本では議院内閣制がとられているので、政府つまり国家の代表である内閣総理大臣は、社会の代表である国会議員から選出されます。アメリカのような、独立した選挙で選ばれた大統領が政府の代表の国であれば、こういう問題は起きないのでしょうか？

佐藤　アメリカの大統領制では、国家と社会の板ばさみになることが日本と比べれば少ないと思います。なぜなら、「社会の代表」としての規制は議会がおこない、大統領には「政府の代表」として全権が付与されているからです。限りなく国家としてのフリーハンドを与える形に近いわけです。

井戸　そもそも「日本の総理大臣とアメリカの大統領はどう違うのか」という素朴な疑問がありますわかりやすいところでは、日本では総理大臣になるのは比較的容易である反面、党内の持ち回り人事的な意味合いもあり、ころころ替わることが多い。アメリカは大統領になるのは大変ですが、4年間は地位が保証されるという違いがありますね。

佐藤　アメリカはまさに「大統領」で、大をとれば「統領」です。この大統領を、北朝鮮は「首領」と訳したわけですね。つまり、大統領というのは首領様と同じ。「王様」なんです。選挙によって選ばれる王様。いずれも「独裁」というニュアンスがあります。

佐藤優の深掘り講義❷

アメリカの大統領制

大統領制というのは、独裁に走る恐れのある制度です。それは言い換えれば、戦争をやりやすい制度ということもできます。アメリカでは、それを阻止するために、たとえば大統領に三軍の指揮権は与えていますが、宣戦布告権は与えていません。

大統領のいちばん怖いところは、選挙で選ぶ王様なので、何らかの形で独裁を阻止する仕組み、抑制するかなり強力な仕組みをもっていないと、本当に独裁に走ってしまい、誰も止められなくなってしまうということです。

また、大統領制はポピュリズムに走りやすい制度です。とくに直接選挙で選ばれる大統領は、ポピュリズムを基盤にしないと選挙で勝利できません。

それを防止するために、アメリカでは選挙人制度をつくって、間接選挙にしています。二重代表制、大統領のほかに議会があるというのも、ポピュリズムを抑制する仕組みなんですね。

佐藤　大統領に対して、日本の「総理大臣」というのは、たとえば「国務大臣」というときには総理大臣を含めることと含めないことがありますが、辞令の際には総理大臣もその他の大臣もすべて同格で、全員が「国務大臣」とされています。となると、総理大臣はその同等者の中における長、つまり「チェアマン」なんです。

井戸　総理大臣は「王様」ではないということですね。

佐藤　そうです。首相制というのは集団指導制なんです。「独裁を防ぐ」という観点では、議院内閣制のほうが優れています。

ところが、世界はいま王制に向かっている。ロシアのプーチン大統領も、フランスのオランド大統領も、それからオバマ大統領も、選挙によって選ばれる「王様」です。王様というのは、なかなか廃位できない。それに対してチェアマン（議長）は簡単に変更できる。

井戸　だから、日本ではすぐに議長＝総理大臣の首をすげ替えようとするわけですね。

❖首相制と大統領制のメリット、デメリット

佐藤　首相制と大統領制の長所・短所でいえば、世の中が安定しているときは、比較的政策の継続性も強い議院内閣制がいいわけです。でも、戦争になると議院内閣制はダメなんです。それで戦争時には議院内閣制では非常事態内閣ができ、一時的

に首相が王様に近づきます。

井戸　戦争では即断即決も必要で、集まって議論していたのでは間に合わないこともある。是非はともかく、非常に強いリーダーシップが求められるわけですね。

佐藤　そういうことです。

佐藤優の深掘り講義❸

「ウソをつける」ことが議院内閣制のよさ

ほかにも議院内閣制の長所として、政治家がいい意味でウソをつけることがあります。

たとえば、選挙のときに「増税します」というと、絶対に当選しません。選挙で当選するためには、ポピュリズムも必要です。しかし実際に内閣を組織すれば、国家予算の必要性も、いまの日本なら財政の危機的な状況も、政治エリートとしてはわかっています。そこで、内閣では増税政策を進めるわけです。

大統領制では、こういうウソをつきにくくなるので、たとえばアメリカの場合、予算編成権は大統領に与えずに議会に与えています。

佐藤　ところが、いまの安倍内閣がやっていることは、「ウソ」というより「超然内閣」です。先ほども述べたように、超然内閣は民意と関係ないところで政策を決定するので、「王様」に近いわけです。だから安倍さんは「選ばれた」というよりも「即位した」という発想でいるはずです。

井戸　たしかに……。「王様」は生まれたときから、すでに即位がほぼ決まっています。日本では、歴代総理の多くは世襲議員でした。祖父も総理大臣だった安倍さんも、ある意味「即位」は当然と思っているのでしょうね。

佐藤　そうでしょうね。一方、前首相の野田さんは「選ばれた」という意識が強かったわけです。彼の中では、日本の国のためには税と社会保障の一体改革をやらなければつぶれると思っていた。ところが、そこで選挙公約を破ったといって「ウソつき」呼ばわりされた。彼はそれで、じつはものすごくつらかったし、悩んでいたんです。

井戸　野田前総理は党首討論で、幼いころからお父さんにいわれつづけた言葉を引用して話をされましたよね。野田さんは戦後の日本の平均的家庭に育っています。「ウソをつくな」「真面目に働け」「そうすればきっと幸せになれる」。そういう価値観が染みついているのだと思います。

佐藤　でも、もし野田さんが「即位した」という発想をもっていたらどうだったでしょう。

「私は一見選挙で選ばれたように見えるかもしれないが、じつは八百万《やおよろず》の神々が私に天命を与えた。高天原《たかまがはら》を復活させろというのが21世紀の私の使命だ」というように考えたならば、「法には拘束されない」という発想になってくる。そうすると、公約と違うことを何の良心の呵責も感じずにできたはずです。

井戸　安倍さんは「即位した」という意識があるから、平気で公約違反ができるということなんですね。

裏の社会科

政治と景気

❖「政治によって経済をよくしろ」は幻想

井戸　私たちも実際に政権をとってみて、なかなか政治というのは教科書どおりにはいかないものだと実感しました。たとえば、景気対策は難しいテーマです。いまの政治は、景気がよければすべてよし、景気が悪ければ政治が悪いということにされてしまいます。政治と経済が不可分で、そのほかのことは二の次、三の次になってしまうところがあると思うんです。

佐藤　「政治によって経済をよくしろ」と市民がいくらクレームをつけても、経済はよくなりません。それは一人ひとりの人間の行動について考えてみるとよくわかるんです。みんなが政治に関心をもつ。デモに行く。市民一人ひとりが乗り出してきて、政治にクレームをつける。そうすると、その時間に彼らは何をしているかといえば、働かないわけです。経済は当然、停滞します。

代議制がとられている理由はまさにそこにあって、規制緩和や競争促進、あるいは待機児童の解消といった経済をよくするための政策は、本来なら職業政治家に任せないといけないわけです。

井戸　会社員時代は、よく「スト」をしました。そんなときに、仕事が終わらず「スト破り」をして仕事をしようものなら、先輩に「何をやっているんだ！」と叱られました。「この数日で自分たちの待遇が変わるんだからがんばろう」と。でもおっしゃるとおり、その間働く手を緩めずにいたほうが経済的にはいいわけですね。

佐藤　そうです。マルクスは、市民社会を「欲望の王国」といいました。そうすると、市民社会の秘密と代議制の秘密が見えてきます。

『資本論』
カール・マルクス
（全9巻、岩波文庫）

『ルイ・ボナパルトの
ブリュメール18日［初版］』
カール・マルクス
（平凡社ライブラリー）

井戸　「欲望の王国」というのは、**『資本論』**に出てくる言葉ですか？

佐藤　**『ルイ・ボナパルトのブリュメール18日』**です。まず、政治はプロがやるものだと。日本の場合、およそ１億２７００万人の人がいる中で、国政に関してはわずか８００人を切るくらいの人が代表して、プロだけが政治をやっています。では、その政治家を選んだ国民は、その間は何をやるのか。

井戸　その間はひたすら働く？

佐藤　そうです。そしてそれだけではない。教科書にも「国民は政治的関心をもち、選挙に行こう」と書いてありますが、それは本当は市民社会の論理ではありません。国民は政治をやらないで「欲望」を追求するんです。経済活動なり、文化活動なりの欲望を追求する。それで税金を納める。それによって社会が発展していくんだというのが、基本的な資本主義社会、市民社会の考え方です。

井戸　働くだけでなく、買い物やバカンスで消費活動もしないと経済は発展しませんよね。

佐藤　ええ。だから、繰り返しになりますが、市民社会、資本主義社会、近代社会は、国民を政治に関与させないために、基本的に代議制になるわけです。関与しないことによって、その時間を経済活動に振り向ける。資本主義では経済が国のすべてですから。

井戸 それが健全な姿というわけですね。

佐藤 経済がよければ政治は何でもいい、経済を改善することに政治が一定の役割を果たせるというのがいまの日本の状況ですが、本来の健全な姿ではありません。

❖政治の役割＝平和を維持することで経済をよくする

佐藤 それから、政治でいちばん大事なのは平和の維持です。政治はハンドリングを間違えると戦争になります。戦争は、負け戦になる可能性もあるわけですから。

井戸 負け戦は日本も経験しています。

佐藤 ところが、それを経験した世代が減ってきたことによって、負け戦の怖さがわからなくなっている。政治の機能は、平和を維持して、正常な経済活動、文化活動ができるようにすること。政治の目標は、逆説的ですが「国民が政治について考えずにすむ世の中にすること」なんですね。

井戸　なるほど。いまは普通の主婦や若者が政治の心配をしていますよね。安全保障関連法案の問題にしても、大学生や高校生でも「戦争になったらどうしよう」と心配して、声を上げて行動を起こしている団体も少なくありません。主婦や若い世代が、戦争について相当リアルな恐怖を感じている証拠だと思いますね。

佐藤　国民が毎日、国防について考えるのは北朝鮮みたいな国で、政治について考えるのはギリシャみたいな国です。そういう国は、いい国ではないんです。日本も政治について考えざるを得なくなったということは、非常によくない話です。

井戸　政治はプロがやって、国民はそれになんとなく文句をいいつつも、基本的には大きな心配はせず、自分たちの欲望の追求である経済活動や日常生活に打ち込める、そういう社会がじつは健全なのに、その概念が崩れつつあるわけですね。

佐藤　そう思います。こういう全体の問題に対して、政治エリート、すなわち国会議員と官僚の両方が対応できていないんです。

【政治とカネ】

❖「政治とカネの世界を分ける」のが、なぜ重要か

井戸　日本の政治の「裏」について考えるときに外せないのが、「政治とカネ」の問題です。これについては、ずいぶん昔からいわれつづけています。

佐藤　そのテーマに関しては、「政治」がいつ、どうやって始まったか歴史的に考えるとわかりやすいと思います。

佐藤優の深掘り講義④

政治、経済、家庭に潜む「暴力性」

もともと「政治」という言葉が出てきたのは古代ギリシアからです。「政治」とはギリシア語の「ポリス」。これは「政治」と訳してもいいし「国家」とも訳せます。

「ポリス」で適用されるルールは「ノモス（法律）」です。

これはギリシアの都市国家の論理で、その主体になるのは自由民の男子、つまり貴族と平民だけです。その人たちがアクロポリスに集まり、みんなで議論してさまざまな決定をしていく。この人たちはいつもは哲学、詩、スポーツなどに従事しています。

ギリシアには、これにかぶさって別の世界が存在します。「オイコス」です。

オイコスは「エコノミー」の語源であり、「経済」や「家庭」という意味もあります。また「オイキクメニエ（人間が住んでいる世界）」という意味もあり、いろいろな言葉につながっていきます。「エコロジー（環境）」の語源もこれです。

オイコスにいるのは自由民の男だけでなく、女と奴隷も入ります。そしてここに適用される原理は「ノモス」ではありません。ギリシア語で「ビア（暴力）」という原理です。だから、「オイコス（経済活動、家庭）」というのは、基本的には暴力によって家長という男が支配してもいいというのが、ギリシアの常識だったわけです。

そうすると、経済活動や家庭の中には「暴力性」があるわけです。これをいかに解消して、経済活動の世界や家の世界にも、暴力によらず、きちんとした秩序を保つべきかということで、さまざまな論争や運動が起こってきました。
しかし、政治と経済は相互浸透なので、政治の世界にも経済の要素、カネの要素が入ってくるわけです。このとき、「カネには暴力性がある」とギリシアの人たちは考えた。これは現代の「政治とカネの問題」を考えるうえでも重要な視点だと思います。

井戸　そもそも民主政治は、古代ギリシアにルーツがあるわけですよね。「カネには暴力性がある」という前提に立てば、それを排除もしくは回避するために、どのようなことができるとギリシアの人々は考えたのでしょうか。

佐藤　政治で何が重要なのかというと、「政治とカネの世界を分ける」ということです。そうじゃないと、カネには怖いところがある。権力というのはたいていカネに換算できるので。カネの力によって権力を動かすことができる。ある程度のカネを集めると、その人は国家からは非常に警戒されるわけでしょう。

井戸　ホリエモンとか……。

佐藤　堀江貴文さんもそうです。それから、自民党を離党して議員辞職した徳田毅さんも、医療法人の徳洲会の理事をやったりして、お金をたくさんもっている。だからトラブルに巻き込まれたのだと思います。

井戸　たしかに選挙もカネとは切っても切り離せないものになっていますね。いま政治というのは富の再分配で、まさに「お金の分配」が政治の役割になっています。そのころのギリシアでは、市民からそういう要求は出なかったのですか？

佐藤　ギリシアでは「お金の分配」が政治の中になかったんです。それは奴隷制だったから。奴隷から吸い上げることで、自由民たちは必要なお金をもっていたわけです。奴隷は使いつぶして、足りなくなったら戦争をして次の奴隷をもってくるという世界でした。そういう文化圏にいると、それが当たり前と思うから、「政治が経済的な再分配をしなければいけない」という発想が出てこなかったんです。

井戸　なるほど、昔に比べればよくなったといわれますが、東京都知事を辞職した猪瀬直樹さんや、みんなの党の代表を辞任した渡辺喜美さんなど、いまなお政治とカネの問題はあとを絶ちません。「政治とカネを切り離す」ためには、政治家を選ぶ選挙制度や、根本的にいえば選ぶ国民の意識の変革が必要ですよね。

第2章 「内閣」の基礎知識のまとめ

表 の社会科

19 **「国家」と「社会」は本来別物**だが、内閣はその両方が重なる、本来矛盾した場所。政党は「社会」に属し、国家機関ではない。

20 「社会」に属する政党が与党になったとたん、**「国家」と「社会」の板ばさみ**になる。野党は「社会の代表」として機能していればいいのでラク。

21 内閣総理大臣は**「政党のトップ（社会の代表）」**であると同時に**「官僚の長（国家の代表）」**でもある。

22 アメリカ、ロシア、フランスの大統領は、選挙で選ばれる**「王様」**。日本の内閣総理大臣は、国務大臣の中における**「チェアマン（議長）」**。

23 「王様」は簡単に廃位できないが、「チェアマン」は変更できるので、**日本の総理大臣はころころ代わる。**

裏 の社会科

24 教科書には「国民は政治的関心をもち、選挙に行こう」と書いてあるが、それは本来の市民社会の論理ではない。**国民は本来、政治をやらずに「欲望」を追求する。**だから、代議制がとられている。

25 政治の目標は、逆説的だが**「国民が政治について考えずにすむ世の中にすること」**。

26 政治でいちばん大事なのは**平和の維持**。政治はハンドリングを間違えると戦争になる。

27 カネには暴力性があり、権力はたいていカネに換算できる。だから**「政治とカネの世界を分ける」**のが大切。

第3章

これだけは知っておきたい「裁判所」の基礎知識

表の社会科

【裁判の種類とルーツ】

❖裁判には3種類ある——「民事裁判」「刑事裁判」「行政裁判」

井戸　司法を司る「裁判所」について、次に考えていきましょう。

人々の間で争いごとや犯罪が起こったときに、憲法や法律にもとづいて判断し、解決するのが裁判所の仕事です。国民は、だれでも裁判を受ける権利をもっています。

裁判所についての説明［小学校の教科書］

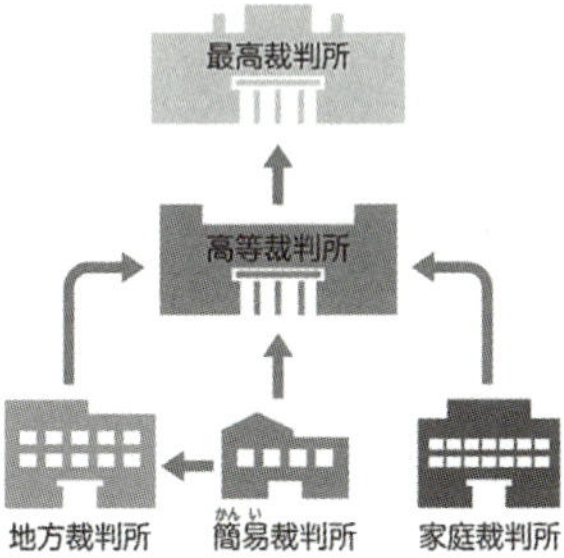

裁判所のしくみ　裁判所の判決に納得《なっとく》できない場合は，上級の裁判所にうったえて3回まで裁判を受けることができます。このしくみを三審制《さんしんせい》といいます。

裁判所《さいばんしょ》のはたらき

人々の間で争いごとや犯罪が起こったときに，憲法《けんぽう》や法律《ほうりつ》にもとづいて判断し，解決するのが裁判所の仕事です。国民は，だれでも裁判を受ける権利《けんり》をもっています。裁判の判決は重要な意味をもつことから，より公正で慎重《しんちょう》な裁判が行われなければなりません。

（教育出版『小学社会6下』16ページ）

佐藤　裁判というのは、大きく分けると「民事裁判」と「刑事裁判」があります。この教科書でも、「争いごとや犯罪」ときちんと分けて書かれていますね。

井戸　「争いごと」が民事、「犯罪」が刑事というわけですね。

佐藤　そうです。刑事裁判が普及するのは、歴史的には後の話です。裁判の大本は、民事裁判にあります。

井戸　民事裁判が裁判の大本だというのは、あまり意識していないことですね。

佐藤　そうかもしれません。民事というのは「争いごと」、人間と人間の世界ではいろいろなトラブルが起こります。このトラブルを当事者間だけで解決させていくと、最終的には力のある者がねじ伏せることになってしまいますよね。それを調整する第三者的な機関が必要だというところから、民事裁判が生まれました。争うのは当事者同士で、調整役が裁判所です。

井戸　具体的には、遺産相続争いのような場合ですよね。

佐藤　はい。お金の貸し借りの諍《いさか》いや、損害賠償を求めるのも民事裁判です。民事裁判は、基本的に「双方の同意」で終わります。腹の中では「おかしいな」ということがあっても、和解すればそれで終わりです。

井戸 民事の場合は裁判までいかず、調停の段階で和解するケースも多いですよね。

佐藤 そうです。裁判所も和解するように働きかけます。これに対して刑事裁判があつかうのは「犯罪」で、たとえば誰かに殴られたとき、相手を殴り返していたら、その人も暴行ということになってしまいます。だから、そこを調整するために国家が乗り出してくるわけです。そして、殴られた人のかわりに、検察が殴った人と争います。また、民事裁判と刑事裁判のほかに、「行政裁判」もあります。

井戸 これはあまり知られていないかもしれませんね。国や地方自治体といった、行政によって国民の権利が侵害されたときに訴えるのが行政裁判ですね。私も行政裁判は経験していますが、それはあとでお話しします。

❖お白洲から近代的な裁判へ――背景には不平等条約

佐藤 もともと、近代より以前の裁判の感覚には、「くじ」に近いものがあったんです。ここでの「くじ」は、確率論の話ではなく「神様の神意」ということです。

井戸 くじ引きのくじではなく、おみくじのほうですね。

佐藤 そうです。昔の裁判は「湯起請《ゆぎしょう》」という方法でやっていました。被疑者が熱湯の中に手を入れて小石を取り出して、そのやけどの形や程度を見て、有罪か無罪かを判断するんです。お互いが言い争って立場が対立した場合には、それぞれが熱湯に手を入れて、どちらがやけどをするかを見ます。

井戸 いつごろまで行われていたのですか？

佐藤 室町時代まで。江戸時代になると近代に近づくので、この方式にいろいろ疑念が出てきたんですね。「対立する二人が手を入れるお湯の温度が違うんじゃないか」とか、「本当に神様の意思でやっているのか」と。だから「お白洲」が発展したんです。

井戸 あれは江戸町奉行所、江戸時代の裁判所ですよね。遠山の金さんの世界。

佐藤 大岡越前とかね。でも、お白洲というのは基本的に検察官と裁判官が一体なんです。そして、弁護人がいません。

井戸　いわれてみれば、そうですね。それで、近代的な裁判へ発達していくわけですね。

佐藤　日本で近代的な裁判がどうして必要になったのかというと、明治政府を悩ませた外国との不平等条約の問題がありました。幕末に江戸幕府が諸外国と結んだ当時の条約では、関税自主権がなく、領事裁判権、つまり外国人の治外法権も認められていました。これは、貿易をするうえで非常に不利な状況だったんです。

井戸　「日米和親条約」と「日米修好通商条約」は、関税自主権、領事裁判権、最恵国待遇の3つの面で不平等条約であると日本史の授業で習いました。

佐藤　その通りです。この状態を変えて、関税自主権を取り戻すためには、近代的な裁判制度が必要だったんです。近代的な裁判をやっていないと、「日本は恐るべき野蛮国だ。お白洲とかいうところで野蛮な裁判が行われている。こんなところに自国民の管轄をさせるわけにはいかない」ということになり、領事裁判権や関税自主権がとれなかった。貿易のため、経済のために必要だったわけですね。あとでお話しする大日本帝国憲法がつくられたのも、同じ理由です。

井戸 米軍の地位協定も、発想の基本はそういうことからきているんでしょうね。

佐藤 米軍の発想も、「日本は野蛮国で、捕虜を捕まえると日本刀でおちんちんをちょんぎるようなことを平気でやる。そういう恐ろしい警察に捕まって、まともな取り調べや裁判は受けられないはずだ」という感覚からきているでしょうね。

井戸 私はずっとハーグ条約の批准問題に取り組んでいたんですね。おもに国際結婚が破綻した際に、国境を越えて子どもを不当に連れ去ることを防止する国際条約で、日本は加盟をずっと迫られてきました。

私がそこで違和感をもったのは、日米関係には大きな懸案事項として、TPPや沖縄の基地の問題がありますが、ハーグ条約についてもそれらと同じ並びでアメリカが押してくるんです。それが当時は不思議というか違和感があったのですが、いまの話をうかがったら、アメリカにとっては「どちらの管轄で裁判をやるか」ということはすごく大事な話なんですね。

以前、アメリカ国務省のハーグ条約担当者が来日したときに、「裁判制度はアメリカがいちばん優れている」との思いを言葉の端々に感じたこともありました。

【大陸法（独仏）と英米法】

❖独仏と英米では、裁判の考え方が異なる

井戸　ところで実際の裁判のほうですが、2種類のスタイルがありますよね。米英とヨーロッパでは、やり方が違います。

佐藤　重要な指摘です。法の世界で非常に面倒くさいのは、「大陸法」と「英米法」の考え方が違うことです。大陸というのはヨーロッパ大陸、つまりドイツ、フランスのことで、それと英米法の考え方が違うんですね。その関係で、裁判にも2通りのスタイルがあります。

井戸　日本の民法はフランス法とドイツ法がベースですよね。戦後はアメリカの影響を受けて、英米法をもとに書き換えられた法律も多いと聞きます。たとえば、皇室典範や国会法はイギリス法を、証券取引法や刑事訴訟法はアメリカ法をというよ

うに。刑事訴訟法は、英米法と大陸法でどんな特徴があるんですか?

佐藤 英と米はほぼ一緒で、捕まえた人をすぐ起訴しますが、大幅な司法取引があります。「正しいか正しくないか」を裁くというよりも「折り合いをつける」という発想で、先ほどの民事裁判に近いわけですね。それに対して、ドイツ・フランスの裁判は、国家が「正しい、正しくない」を裁くという考え方です。だから、逮捕されるところまでは一緒ですが、起訴はすごく少ない。予審制度というのがあって、本格的な裁判に行く前に予備裁判を行うんです。そこで有罪になった場合しか起訴されません。だから、結果的に有罪率は非常に高くなりますね。

井戸 有罪率だけではどちらの制度が優れているとは単純には比較できないわけですね。

佐藤 日本でも明治以来、予審制度がとられていました。当時の日本の裁判所がいまといちばん違うのは、検察官、裁判官、弁護人が座る位置です。戦前、戦中の裁判所は、検察官と裁判官が同じところに並んで座り、下側に弁護人と被告人が座っていました。いってみればお白洲スタイルです。これは基本的に大陸法の発想です。

井戸 座席配置だけで、依って立つ法律がわかるわけですか。

佐藤　ええ。それに対して、「被告人も検察官も立場は対等だ」ということで同じ高さにして、それを判断する裁判官は上に座るというのは英米法的な考え方です。だから、日本のいまの刑事訴訟法は、大陸法の上に英米法が乗った、すごく不思議な構成になっているんです。私は逮捕、起訴された経験があるので、そのあたりの雰囲気がよくわかります。

井戸　なるほど、勉強になります。佐藤さんは裁判に関しても経験上、膨大な知識を積んでいるんですね。

【最高裁判所】

❖最高裁の判事には法曹資格をもっていない「無免許」の人も

井戸　私はずっと国会では法務委員を務めてきて、法科大学院の問題などにも取り組んできましたが、法曹全体として「人材」の問題があると思っているんです。

佐藤 それに関連していえば、最高裁判所というのは憲法の番人であり、裁判所の裁判所なわけですよね。そこに、司法試験に合格していない人がいるのはなぜかということです。たとえば、外務省の事務次官を務めた竹内行夫さんは、次官を退官後、最高裁判所判事に任命されました。しかしこの人は、司法試験に受かっていないんです。いってみれば「無免許」ですよ。

井戸 司法試験に受かっていない人が最高裁判所の判事をしているというのは、一般の感覚からいっても違和感がありますね……。

佐藤 最高裁においては、かなり早い時期から、法曹資格のない人が裁きをおこなう「裁判員制度」が導入されていたということです。でも、もし自動車教習所の教官が無免許だったらどうですか？ 国家試験をパスしていない医者がいたら？ 冗談じゃないですよね。司法試験を経ていない人が人の命に関わる判断をしていいのか。司法試験を経ていない最高裁判事は、竹内さんのほかにもいます。最高裁だけですよ、こんなことになっているのは。

井戸　じつは大変なことですね。ただ、最高裁の判事には国民審査がありますよね。

佐藤　形式的にはありますが、実効性が担保されていないんですよ。投票所で「×」をつけなければ、「○」と書かなくても信任になってしまうわけですから。

井戸　実際に国民審査で不信任になった判事も、これまでひとりもいません。

佐藤　国民審査をやるなら、「○」をつけさせて過半数の信任を得るというふうにしなければいけませんね。そうすれば、裁判所のほうでも「こういう仕事をしています」「フェアにやっています」ということを説明するようになるでしょう。それが民主主義の原則です。現在の方式は、形だけ「国民の同意を得ました」と見せているまやかしですよ。

井戸　ところで法曹資格といえば、15年ぐらい前までは、国会議員も10年やると引退後に法曹資格がとれたんです。その制度はなくなりましたが、いま現役でやっている弁護士にも、国会議員出身で司法試験を経ていない人がいるはずです。

佐藤　それに関しては、国会で本当に立法活動をやっていて法に通暁している人が弁護士活動をできるのは、まったく悪いことではないと思いますね。そもそも司法試験だって、法曹能力をもっていることを判定する側がきちんとした形で判断できるなら、もっとやさしくしてもいいと思うんです。戦前は、法学部を出ていれば、私大でもほぼ自動的に法曹資格がとれたわけですし。それに、いまの弁護士や裁判官を見ていても、適性があるのか疑わしい人も実際にいるわけなので。

【裁判員制度】

❖裁判員制度は憲法違反？——憲法では国民の義務は3つだけ

井戸　裁判員裁判についてはどうでしょうか。いろいろな問題があると思いますが。

佐藤　裁判員制度では、裁判員に選ばれたときには出頭しなければいけないと義務化されています。まずこれが問題だと思いますね。国民には、教育の義務、罰則規定のない勤労の義務、納税の義務があって、憲法に次のように明記されています。

日本国憲法

第26条2【教育を受けさせる義務】すべて国民は、法律の定めるところにより、その保護する子女に普通教育を受けさせる義務を負ふ。義務教育は、これを無償とする。
第27条【勤労の権利と義務】すべて国民は、勤労の権利を有し、義務を負ふ。
第30条【納税の義務】国民は、法律の定めるところにより、納税の義務を負ふ。

井戸 教科書にも、同じことがきちんと書かれていますね。

憲法では、いろいろな権利が保障されているだけではなく、国民に対して、教育を受けさせる義務、働く義務、税金を納める義務の三つの義務についても定めています。

国民の義務についての説明［小学校の教科書］

◐ 国民の基本的人権と国民の義務

また，憲法では，いろいろな権利が保障されているだけではなく，国民に対して，教育を受けさせる義務，働く義務，税金を納《おさ》める義務の三つの義務についても定めています。

基本的人権を尊重するためには，自分の権利を主張するだけでなく，国民としての義務を果たし，他の人の権利を尊重する態度がたいせつです。

考えるヒント

あなたたちにとってたいせつだと思う権利や，今の社会で十分に認められていないと思う権利はどれか，考えてみよう。

（日本文教出版『小学社会6年下』27ページ）

佐藤　そうです。そして、国民にはこの3つ以外の義務はないんです。つまり、裁判員裁判に行かなければならないという義務はないわけです。

井戸　なるほど、たしかにおっしゃるとおりです。

佐藤　裁判を受けるというのは、基本的な国民の権利です。でも、憲法に書かれていること以外を国家が公権力を使って義務化するのは、法理としておかしい。私に裁判員をやれという通知がきたら、違憲訴訟をやろうと思っているくらいです。たぶん来ないでしょうけどね。

井戸　憲法違反かもしれないというわけですね。

佐藤　ええ。それに加えてもうひとつ問題なのは、国家が一方的に「裁判に来い」といえるのなら、「徴用」ができることになるわけでしょう。たとえば、震災や台風で被害があったときに、「公のために必要だから来い」といって徴用ができることになる。そのスタイルを進めていけば、いまは禁止されていますが徴兵にもっていけるんですよ。

井戸　原理的には同じわけですね。裁判員制度の延長線上には、徴兵制があると。

佐藤 そう思います。国家の一方的な行為によって、国民を召集することができるということですからね。すごくおかしな制度だと思います。

❖裁判員裁判は司法の自信のなさのあらわれか

佐藤 日本ではいま、起訴されているうちの99・9%が有罪になっています。起訴されたらほぼ有罪。もし裁判所が判決に自信があるのなら、それまでのままでやればいい。にもかかわらず裁判員裁判を始めたということは、やはり99・9%が有罪になっているという現状にどこか自信がないわけですよ。

井戸 死刑や無期懲役などの可能性がある重大犯罪だけが裁判員裁判というのも、変な話ですよね。

佐藤 死刑も視野に入るような重大犯罪については、とくに責任を負う自信がないんです。だから、それを国民にかぶせているわけです。

重大犯罪は、裁判員裁判では重罰化するに決まっています。その場で殺人現場の生々しい写真を見せられたり、強盗殺人の犯人が身勝手な言い訳をしているのを聞いたりしたら、誰だって「こんなやつは極刑だ」と思いますからね。

井戸 アメリカは訴訟社会だから、みんな常に訴えられるリスクを意識していると思うんです。つまり、裁判を身近なものとして普段から考えています。でも日本人はそういう環境とは違って、誰も裁判、裁判所なんて自分には縁のないところ、遠いところだと思っていますよね。

佐藤 だから、民事裁判も多くありませんよね。

井戸 そうですね。そういう人たちが急に選ばれて裁判ができるのかというと、実際にはきわめて難しいでしょうね。日本はアメリカと違って「学校でお金の教育がない」とよくいわれますが、裁判の教育もありませんから。

【判例】

❖裁判で判例ができれば、法律は覆せる

井戸　裁判でできることは、教科書に書かれているような争いごとを解決するだけではありません。「法律をつくる」のは国会の仕事だという話はしましたが、実際には裁判所の判断も大きく影響しています。私も行政訴訟を起こして、法改正には至らなかったものの、実質的に民法の解釈を覆すことができました。

民法第772条の不都合な真実

私が行政訴訟を起こしたのは、現在の夫との間の子どもが、前の夫との離婚後300日を経過していないうちに生まれたため、民法第772条の規定にひっかかったからです。その子の戸籍は前夫との間の子として提出しなさい、といわれました。

民法第772条「嫡出の推定」の第2項には、次のように書かれています。

「婚姻の成立の日から二百日を経過した後又は婚姻の解消若しくは取消しの日から三百日以内に生まれた子は、婚姻中に懐胎したものと推定する」

不勉強といわれればそれまでですが、それまで私はこの772条のことは知りませんでした。夫も政経塾出身ですが知りませんでした。そうすると、前の夫とは正式に離婚しているのに、その子の父親は前の夫だということになる。おかしいわけです。

私は不倫でも何でもなく、正式に法律的な離婚をしてから子どもを授かりました。離婚届が遅れたのは確かですが、調停などの事情もありました。ところがその子は早産で、離婚後265日で生まれてしまったのです。

通常、妊娠期間は280日程度とされますが、これは最終月経が始まった日を0日目と数えるので、離婚後265日で生まれるのは特別なことではありません。ましてや民法では300日なので、離婚して再婚する女性みんなに起こり得ることです。

この法律は大問題だと気づき行政訴訟を起こしたのですが、結局、法律そのものを覆すことはできませんでした。それでも、いろいろ勉強を続けたところ、現在の夫との親子関係を強制認知させる民事訴訟を起こすことを思いつきました。

ところが、それをどの弁護士に相談しても引き受けてくれない。困り果てて、当時、民主党の衆議院議員で、法務委員会の党の理事だった河村たかしさんに別件で陳情に行ったときに相談したところ、河村さんは、そのまま法務省の民事局長のところに連れて行ってくれました。

「こういうやり方で裁判を起こせますか」と聞いたら、民事局長室にいた法務省の役人がみんな六法全書をぱあっと広げて調べて、「できます、できます」といってくれました。「こんな法律はおかしい」と訴える私に、「井戸さんのやり方で、これでひとつでも判例ができれば、あとが変わるから」ともいってくれました。

結果として、地裁に裁判を起こして戸籍をとることができました。これは、私の裁判がきっかけとなって生まれた判例です。

❖最高裁で判決を確定させる方法

佐藤　これは無戸籍の子どもたちを助けることで、本当に画期的だったと思います。ただ、もっと徹底的にやる方法もありますね。

一審で判決が出るでしょう。それを控訴するんです。控訴の理由は、「判決の内容には不満はないけれども、最高裁で確定させたい。こんなとんでもない、非合理的な法律があることを明らかにしたいので控訴する」と。そうすると、「理由になっていない」といって控訴棄却されるはずです。それを今度は上告します。すると最高裁で上告棄却されるから、一審の判決が最高裁確定になる。そうしたら絶対に動かせないですね。屁理屈の屁理屈ですよ。

井戸　そんな方法があるんですね。そのとき佐藤さんにお会いしていればよかった。

『弁護士いらず』
三浦和義
（太田出版）

佐藤　地裁レベルの判例では、法律改正まですごく距離がありますが、最高裁で確定していると、あっという間に改正になります。

井戸　誰かにやってもらいたいですね。

佐藤　法律家が嫌がるなら、本人訴訟にすればいいんです。控訴趣意書だけ弁護士に書いてもらえばいい。

井戸　私は弁護士が誰も引き受けてくれなかったから、本人訴訟でやったんです。訴状もすべて自分で書きました。すごく大変でしたが、そのとき思ったのは、「3か月まじめにやれば、ひとつの条文についてなら、どんな弁護士よりも自分が一番詳しくなれる」ということでした。たぶん誰でもそうですよ。

佐藤　自殺してしまったロス疑惑の三浦和義さんは、マスコミに対して名誉毀損訴訟を全部自分で起こして、連戦連勝。刑務所の中から手書きで訴状を送っていました。その賠償金で数千万円のカネをつくったそうです。『弁護士いらず』という本を出していて、非常に参考になります。

❖法律は絶対ではない。裁判で変えられる

井戸　私の裁判が確定したあと、法務省は「離婚後に懐胎したことがわかった人は、医師の証明書によって、772条の規定から外す」という通達を出したんです。私たちには何の知らせもありませんでしたけどね。昨日までは「絶対だめ」といっていたのが、今日からは「絶対いい」に変わったんです。

佐藤　180度転換したわけですね。

井戸　ええ。こんなふうに黒から白になる瞬間を経験すると、「いったい法律って何なのか」と思ってしまいます。いまの通達もそうですが、この国のものすごい適当さを感じますね。

佐藤　行政命令はどの国もそうですよ。

井戸　そういう意味では、法律が絶対ではないし、逆にいうと、裁判によって変えていくこともできるということを学びましたね。

佐藤　近年、刑法が変わった例で最も有名なのは、尊属殺人罪ですね。尊属殺人は

それまでは死刑か無期懲役しかなく、通常の殺人より重かったんです。それが削除されました。

井戸　民法でも、婚外子への相続分の差別を違憲とした判断や、性同一性障害の女性が男性に性別変更し、第三者の精子提供を受けて生まれた子を嫡出子とする裁判で、これまでの判断を覆す決定が出され、法改正や運用の変更が促されています。

井戸まさえは見た！❷

「違憲立法審査権」という最後の砦

司法による違憲判断が出たときに、立法府である国会議員の一部から、「選挙で選ばれた国会議員が、なぜ選挙を通っていない裁判官に従わなければならないのか」「裁判官も人の子。間違うこともある」などという発言が相次ぐことがありました。

たしかに「選挙」で選ばれた国会議員は国民の代表です。しかし、それはあくまでも選挙区順列組み合わせの中で「多数」が選択した結果であり、逆にいえば「少数」の声は届きにくい。だからこそ、憲法は「違憲立法審査権」を多数の代表者の集まりである国会ではなく裁判所に置き、少数の声を救う最後の砦としたのです。
たとえば、婚外子は全出生数の2・3%にすぎません。性同一性障害者の数は2800人に1人と推定されています。このように圧倒的な少数でも、司法の場に出ることで法律を変えることができる。裁判所の大事な機能のひとつを見た思いです。

【弁護士】

❖弁護士の選び方、実践的アドバイス

井戸　実際に裁判をするとなると、まず心配なのは弁護士をどうするかです。私のところには、「弁護士を紹介してほしい」という依頼がすごく多いんです。

佐藤　普通の人は、生活の中で弁護士と関わることはまずありませんからね。

井戸　でも、裁判まではいかなくても、離婚やお金のトラブルなどに急に巻き込ま

れることもありますよね。そういうときに、弁護士を誰に頼めばいいのかわからないわけです。一口に弁護士といっても、分野に得意・不得意があって、そこも普通では見分けられないですよね。

佐藤 「弁護士は歯医者と同じ」と思ったらいいんですよ。風邪や軽い病気でかかるクリニックなら、東京大学医学部卒や慶應大学医学部卒といわれたら、それだけで信用してしまうところがある。ところが歯医者の場合は、東京医科歯科大学の歯学部卒といっても、「あの先生は入れ歯が下手だ」「雑ですごく痛い」と聞いたら、どんなに高学歴で博士号があっても、みんな逃げてしまいますよね。

井戸 おっしゃるとおりですね。私の友達のお兄さんに、若いころ暴走族で車の改造なんかをやっていた人がいます。成績はサッパリだったけど、親が歯医者なのでお金もかけて歯学部に入り、なんとか歯医者になった。ところが、すごく腕がよくて評判なんですよ。車の改造ばかりやっていたから、手先がすごく器用なんです。

佐藤 心臓外科医もそうですね。瞬時にパイプをつないだりバイパスをつくったりという、学歴とは関係ないスキルが求められる。税理士もそうです。

弁護士もその系統なんですよね。いくら学歴がすばらしくても、力がなければ淘汰されていきます。最近そういう弁護士は、行政書士に使われているんです。「債務を整理します」と宣伝している行政書士事務所に行くと、弁護士がたくさんいますよ。

井戸 自分に合った腕のいい弁護士は、どうすれば選べるのでしょうか。

佐藤 聞き込むしかないですね。刑事事件なら、犯罪に巻き込まれて実際に刑事裁判をやったことがある人の話を聞く。

井戸 弁護士会に行って紹介してもらうのは？

佐藤 それでもいいんですが、あれは各弁護士会のリストに載っている人の順番だから。機械的に順番で割り振って連絡が行くだけです。はい、これは最初の先生、次は2番目の先生というような感じです。

❖もし自分が逮捕されたらどうする？ 黙秘すべき？

井戸 私はいま、ネット選挙の件で訴えを起こしているんです。選挙期間中にネッ

『救援ノート』
（救援連絡センター）

ト上で虚偽の事実を掲載された件です。

ネット上で出回っている情報について、確かめもしないでコピー&ペーストして流すのは犯罪だということを、みなさんに訴えたいんです。インターネットがこれだけ普及して、何気なくリンクしたものが名誉毀損にあたったとか、ほかのページから引用して書き込んだことが偽の情報で、悪気がなかったとしても罪に問われることがありうる時代なんです。

佐藤さんのように、国策捜査の対象になることはあまりないかもしれませんが、身に覚えがなくても痴漢の容疑で逮捕されたり。もしも、まかり間違って逮捕などということになったら、自分の身をどう守ればいいのでしょうか。

佐藤　私が東京拘置所にいたときは、学生時代にたまたま読んだ2冊の本が役立ちました。

ひとつは**『救援ノート』**。かつては過激派や学生運動をやっている人が読む本として知られていました。逮捕されたときは、救援連絡センターが選任する弁護士に連絡して、あとは黙秘するというのが過激派のマニュアルだったんです。いまも救

『権力と闘うための法律知識』
反弾圧・反権力連絡会議編
（三一新書）

援連絡センターで新版が売られています。

井戸 いまでも需要があるんですね。私も読んでみたいです。

佐藤 もう一冊はそれをもっと精緻にしたもので、**『権力と闘うための法律知識』**。この本には、権力に対するいろいろな抵抗の仕方が紹介されています。

井戸 どんな方法があるんですか？

佐藤 たとえば「房こもり」といって房から絶対に出ないとか。裁判官が代わったときは「更新手続」といって、いままでの書類を全部読み上げさせるなどという遅延戦術もあります。裸になって便器に抱きついたら、外に出すことは法的にできないというのもありました。過激派の中でもとくに極端な考えの人たちが書いた本で、弁護士も絶対に信じるなとも書いてある。

井戸 裸で便器に抱きつく……すごい方法もあるんですね。

佐藤 「完黙（完全黙秘）」という方法もあるんです。捕まった瞬間から黙秘する。住所、氏名も一切いわない。弁録（弁解録取書）にも一切署名しない。そのやり方でやったのが堀江貴文さんです。堀江さんは警戒心が強いので、サインは簡単にしない。弁録段階からサインをしなかった。それで、検察の心証がものすごく悪かったんです。

井戸 佐藤さんは黙秘はされなかったんですよね。

佐藤 逮捕直後は、私はこれらの本の知識しかなかったので、接見に来てくれた弁護士に「完黙でいきたい」といったんです。そうしたら弁護士が、「悪いことをしていないから黙秘するというのもひとつの考え方だが、実質的に黙秘は絶対に不利。事実をいえば絶対に罪に問える話じゃないから、事実をいいつづける、否認でいったほうがいいと思う」と。

もうひとりの検察庁から転じたばかりの弁護士にも、黙秘は反対されました。完黙すると「特殊な思想をもっている人間だ」ということになって、検察がまわりを固めて滅茶苦茶なとんでもないうそ話をつくる可能性がある。適当に話しておいて、この先は話せないなとか、そういう感じでやったほうがいいと。

井戸 では、逮捕されたときは黙秘は危険なんですね。

佐藤 少なくとも、特捜部に逮捕されたときは危険です。

第3章「**裁判所**」の基礎知識のまとめ

表 の社会科

28 裁判は大きく分けると、**民事裁判**（争いごと）、**刑事裁判**（犯罪）、**行政裁判**（行政による国民の権利侵害）の3つがある。

29 **「大陸法」と「英米法」では考え方が異なり**、その関係で裁判にも2通りの**スタイル**がある。

30 英米の裁判は、大幅な司法取引があり、**「折り合いをつける」**という発想。ドイツ、フランスの裁判は、**「国家が正しくないことを裁く」**という発想で、起訴は少ないが、有罪率は非常に高い。

31 最高裁判所の判事の中には、司法試験に受かっていない人もいるのが現状。**国民審査は「○」をつけさせて過半数の信任を得るスタイル**にするべき。

32 憲法に明記されている国民の義務は**「教育の義務」「勤労の権利及び義務」「納税の義務」**の3つだけ。

33 憲法に書かれていること以外を国家が公権力を使って義務化する**裁判員制度は、法理としておかしい**。

裏 の社会科

34 **「弁護士は歯医者と同じ」**と考える。技術職なので、学歴や学位より、スキルが重要。心臓外科医や税理士も同じ。

35 自分に合った腕のいい弁護士を選ぶには、**経験者に聴き込む**しか、いい方法はない。

36 逮捕されたとき、**完全黙秘すると検察の心証がものすごく悪くなる**。少なくとも特捜部に逮捕されたときは危険。

第Ⅱ部

国のルールはどう決まっている？

井戸　第Ⅰ部では「国の仕組み」について、実際にどういう組織があって、どのように運用されているのかを「表」と「裏」の両面から話してきました。第Ⅱ部では、それらの仕組みの根拠となる「国を運営していくうえでのルール」について話していきたいと思います。

佐藤　「国のルール」の基本は、憲法にすべて記されていますね。教科書では次のような説明です。

憲法は、国の政治の基本的なあり方を定めたものです。（中略）国会で

憲法についての説明［小学校の教科書］

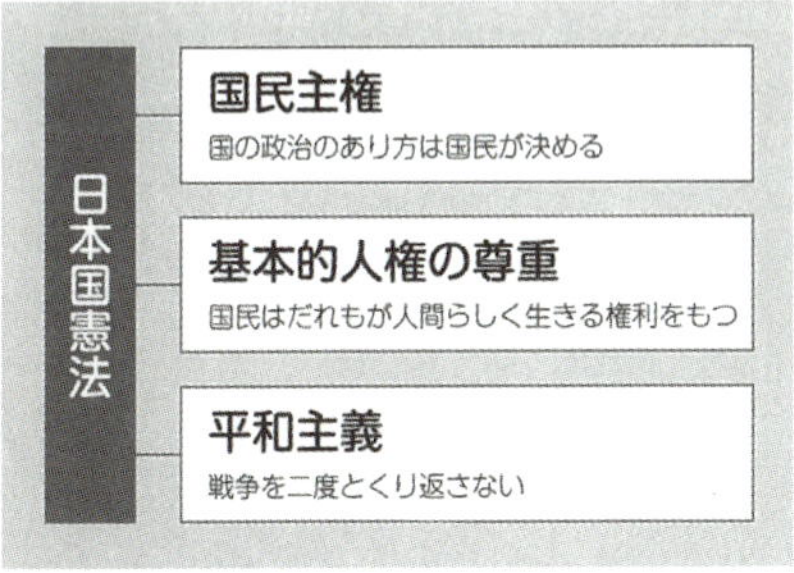

日本国憲法の三つの原則

国のあり方を示す日本国憲法《にほんこくけんぽう》《にっぽんこく》

憲法は，国の政治の基本的なあり方を定めたものです。日本国憲法には，国民主権《こくみんしゅけん》，基本的人権の尊重《そんちょう》，平和主義という三つの原則があります。国会で決められる法律《ほうりつ》や都道府県などが定める条例などは，日本国憲法にもとづいていなければなりません。

（教育出版『小学社会6下』28ページ）

決められる法律や都道府県などが定める条例などは、日本国憲法にもとづいていなければなりません。

佐藤　細かいことは個々の法律で決められていますが、大枠のルールは、日本ではすべて憲法に書いてあるというわけです。

井戸　だから憲法は、たくさんある法律の中でも別格になるわけですね。

ここからの第Ⅱ部では、憲法に書かれている「国のルール」のうち、小学校の教科書でも説明されている「三権分立」「税金」「選挙」について話していきますが、その前に、「国のルール」の基本が書いてある「憲法」から、まずは見ていくことにしましょう。

第Ⅱ部

国のルールはどう決まっている？

第4章

これだけは知っておきたい「憲法」の基礎知識

表の社会科

【憲法とは】

❖憲法は「権力者に対して制限を加える」もの

井戸　日本国憲法については、どの教科書でもしっかり説明があります。

日本国憲法は、国のきまりのなかで最高のもので、すべての法律は、憲法をもとにつくられています。

日本国憲法についての説明［小学校の教科書］

日本国憲法は，1946年（昭和《しょうわ》21年）11月3日に公布され，翌年《よくとし》の5月3日に施行《しこう》されました。

日本国憲法は，国のきまりのなかで最高のもので，すべての法律は，憲法をもとにつくられています。

（日本文教出版『小学社会6年下』23ページ）

井戸　「国のきまりのなかで最高のもの」という憲法ですが、そもそもは絶対権力をもった国王などの支配者が、勝手な政治をしないようにという目的でつくられたものですよね。

佐藤　憲法の根本的な考え方は、「権力者に対して制限を加える」ということです。この発想は、「国家は本質において悪であり、国民から収奪するものだ」という考えから出ています。

井戸　歴史的には、1789年のフランス革命のときのフランス人権宣言あたりがルーツでしょうか？

佐藤　そうです。それと、1776年のアメリカの独立宣言です。「国家を国民が抑える」というのが近代憲法の考え方ですね。聖徳太子の憲法のようなものではいけません。

井戸　自民党の憲法改正草案は、道徳的な内容の「十七条憲法」のような雰囲気ですよね。前文にある「和を尊び」など、十七条憲法の「和を以て貴《たっと》しとなし」そのままです。

最近は「立憲主義」という言葉もよく耳にします。民主主義は多数決の原則ですが、多数決は暴走しやすい。だからこそ、「多数決でも変えてはならない価値」をあらかじめ憲法に書き込み、民主的正当性をもった国家権力を制限するというのが「立憲主義」です。しかし、安倍総理は「立憲主義」を否定するかのような発言や行動を繰り返していますね。

佐藤　立憲主義というもの、つまり「憲法は政治家を抑えるもので、内閣が交代しても憲法の解釈は変わるものではない。だから法律が必要で、法律の法律である憲法で政府のやっていることが適法かどうか、あるいは国会でつくった法律が適法かどうか、違憲立法審査権によって裁判所が判断する」という、この基本構造を勉強していないんでしょうね。やっぱり受験勉強は重要だということです。

井戸　受験勉強ですか？

佐藤　そうです。高校でも大学でも、1回どこかの段階できちんとした受験をしていれば、立憲主義は必ず勉強しますよ。立憲主義を否定するような発言がいともも軽々しく出てくるのは、きちんと受験勉強をやった経験がないからでしょう。就職

『ナチス・ドイツ憲法論』
オットー・ケルロイター
（岩波書店）

試験でもいいのですが、勉強をして国家公務員試験や地方公務員試験に合格した人には出てこない発想です。

井戸　基本をきちんと学んでいないわけですね。これは、国民にとってはもちろんですが、国際的な日本のプレゼンスにも関わる大きな問題だと思います。

佐藤　まさに大きな問題です。「解釈改憲」ということもいっていますが、これなどはナチスに通じるものがありますよ。当時最も民主的だったワイマール憲法のもとで、憲法を改正することなく、憲法とは異なる法律や解釈をつくっていったのがナチス政権のやり方なわけですから。

井戸　麻生太郎さんの「ナチス憲法」発言もありました。

佐藤　ナチス憲法というのは実際にはないわけですが、憲法と違う法律や解釈によって、成文化されていない「ナチス憲法」ができるのだという、当時のドイツの法学者オットー・ケルロイターが唱えた憲法理論です。**『ナチス・ドイツ憲法論』**という本が、戦前に岩波書店から出ています。

国際社会から見たら、これといまの日本は二重写しになってしまうんですね。主観的にどう思っているか、その論理が立憲主義から離れているという問題もありますが、それ以上に、国際社会からは、このままいくと「日本はナチスと同じだ」と見られてしまいます。

井戸 総理大臣をはじめ「国民の代表」であるはずの政治家が、立憲主義を否定するような発言を続けている……。国際社会からどう見られるのか本当に心配です。

❖イギリスにも イスラエルにも成文憲法はない

井戸 「権力を抑えるためのもの」という以外に憲法が重要な点はどこですか。

佐藤 憲法は「国家を成り立たせるためのもの」でもあります。そこには、何らかの原理が必要だと考えられます。かつては、それが神話でした。つまり物語ですね。

憲法に関して重要なのは、古い言葉ですが「国体」と憲法は連続しているということです。それから、これは哲学とも関係しますが、「実念論的」に物事を見るか「唯名論的」に見るかということも関係しますね。

実念論と唯名論はどう違う？

ここで、実念論と唯名論について説明しておきましょう。

実念論では、認識に先立って「もの」が存在すると考えます。たとえば果物があるとして、その中にリンゴやイチゴ、梨や栗があり、これらはすべて「果物」であると考える。目には見えないけれども「果物」は確実に存在すると考えます。

それに対して唯名論では、リンゴはリンゴ、イチゴはイチゴ。たとえば、蔓《つる》になるイチゴと木になる柿が同じものであるはずはないと考えます。

こういう見方をした場合、「果物」というのはとりあえず便宜的につけた名前ということになります。だから、果物というのは名前だけのもので、実際には存在しないと考えるわけです。

井戸　個々の形あるものをくくってカテゴライズする、いわば暗黙の枠組み、ルールみたいなものが存在するか否かということでしょうか。

佐藤　そういうことです。近代的な物の考え方は、基本的に「唯名論」でできています。ただ、例外的にイギリスでは近代以降もずっと「実念論」が影響をもっていて、だからイギリスには成文憲法がありません。それでもイギリスでは、憲法は「目に見えないけれども確実に存在する」ものなんです。

井戸　文書としての憲法がなくて、問題になることはないんですか？

佐藤　文書が必要となるのは、具体的な状況で何かトラブルが生じたときや、イギリスという国家をつくっている原理が何なのかわからなくなったとき、あるいは国家で大きな議論が出たときだけで、それが１２１５年の「マグナ・カルタ」であり、１６８９年の「権利章典」だったわけです。また、判例が非常に重要になります。

井戸　そういう歴史があって、イギリスでは成文憲法が存在しないんですね。

佐藤　はい。成文憲法はイスラエルにもありませんね。

井戸　えっ、そうなんですか。イスラエルは第二次世界大戦後に建国された国ですよね。なぜ成文憲法がないんですか？

佐藤　イスラエルの原理は、アメリカのようにいろいろな人たちが集まってきて契約でできた国ではなくて、根本のところに神様との契約があって、それは絶対に動かすことができないからです。だから、成文憲法は必要がないわけです。

ただし、「帰還法」という法律があります。そこでは、イスラエルの国籍を取得できるのは、ユダヤ人の子・孫、ユダヤ人と結婚した者、ユダヤ教への改宗者と定められています。この法律が、イスラエル国家を成り立たせる基本になっています。

井戸　逆にいえば、アメリカで合衆国憲法や州憲法があるのは、枠組みを言語化して、誰にでもはっきりわかる形にしておく必要があるということなんですね。

❖日本の憲法は「実念論」に近い

佐藤　じつは日本の憲法も、イギリスのように「実念論」に近いと思うんです。だから、日本国憲法をいろいろな形で解釈してしまったり、教育基本法ができたのに「教育勅語」の考え方がずっと生きていますよね。公教育における政教分離もそうです。国家の教育からの分離をいうなら、私学助成金は明らかに違法です。

井戸　私立学校にはキリスト教系や仏教系など、宗教の教えを教育の基本に据えている学校も多いですよね。

佐藤　でも、そういうことがゴチャゴチャになっていたり、変更になっても全然気にならないんですね。これは、成文憲法とは別のところで、「日本人を日本人として成り立たせているものがある」という、イギリスと近い実念論的な感覚があるからだと思います。だから、あとでお話しする憲法改正議論というのは、やってもやらなくても、じつはあまり変わらないんです。

井戸　なるほど。日本人はとりあえずは外を飾っておいて、実際にやっていることはそれとは全然違っていたりします。

佐藤　日本もイスラエルと似ているわけです。日本国とは高天原の神々と結びついている国であるという共通認識が、無意識下にありますから。だから、いまの日本国憲法だって、「不磨の大典」になって改正されないわけです。

井戸　明治憲法の発布勅語で、憲法のことを「不磨ノ大典」といったわけですが、いまの憲法も、まさにもともとの意味の「消滅することなく永久に伝えられる法典」

になっているわけですね。

佐藤　そうです。憲法とは別のところに規範があるというのは、おそらく丸山眞男が晩年にいった、日本人の「古層」のことですね。「古層」というのは、古事記や日本書紀に記された日本独自のエネルギーのことです。

【日本国憲法】

❖日本国憲法の三大基本原則――「国民主権」「基本的人権の尊重」「平和主義」

井戸　では、その日本国憲法について具体的に考えていきましょう。日本国憲法には、「国民主権」「基本的人権の尊重」「平和主義」という三大基本原則があると、どの教科書でも説明していますね。

日本国憲法には、基本的人権の尊重、国民主権、平和主義の三つの原則があります。

佐藤　これは、日本国憲法の「第1章　天皇」「第2章　戦争の放棄」「第3章　国民の権利及び義務」に対応しているわけですね。「第1章　天皇」では、冒頭の第1条で国民主権について言及しています。「第3章　国民の権利及び義務」の中には、基本的人権について書かれた第11条があります。

そして、大切なのは「前文」ですね。前文には、「そもそも国政は、国民の厳粛な信託によるものであつて、その権威は国民に由来し、その権力は国民の代表者がこれを行使し、その福利は国民がこれを享受する。これは人類普遍の原理であり、この憲法は、かかる原理に基くものである」と記されています。

井戸　憲法の前文は、読むたびに涙が出そうになります。日本が第一次、第二次世界大戦を経る中で、国民は国家を信じることによってどれほど傷ついたのだろうかと。国家というよりは、権力者なのかもしれません。その反省に立ったこの前文の

日本国憲法の三大基本原則についての説明
[小学校の教科書]

日本国憲法には，基本的人権《じんけん》の尊重《そんちょう》，国民主権《しゅけん》，平和主義の三つの原則があります。基本的人権とは，だれもが生まれながらにしてもっている，人間らしく生きるための権利《けんり》のことです。

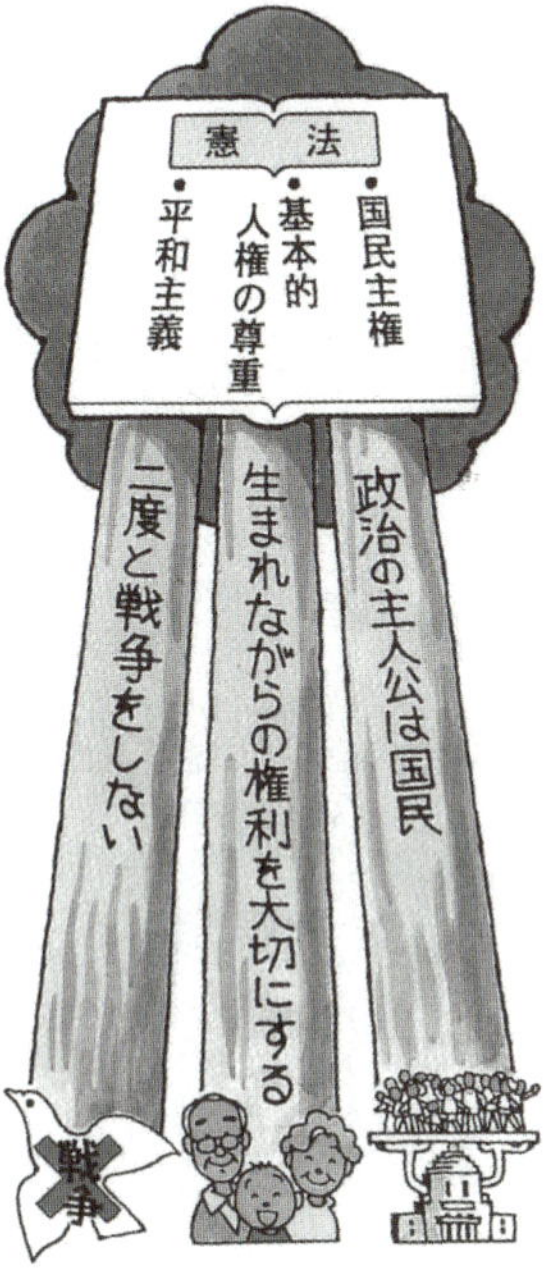

⑥日本国憲法の三つの原則

（東京書籍『新編新しい社会6年下』43ページ）

文章は、国民に対し希望と勇気をもたらしただけでなく、一種の癒やしでもあったのではないかとも思います。

❖国民主権——天皇制に隠れて成熟しなかった議論

井戸 では、日本国憲法の3つの基本原則について順に見ていきましょう。最初は、憲法に掲げられた国のルールの一番の基本、「国民主権」についてです。序章でも引用した（30ページ）ので、別の教科書も見てみましょう。

憲法では、国の政治を進める主権は国民にあると定められており、国民は主に自分たちの代表者を選挙で選ぶことによって、国の政治を動かしています。

井戸 「主権」というのは、改めて説明するのは難しい言葉ですね。小学生向けの

国民主権についての説明［小学校の教科書］

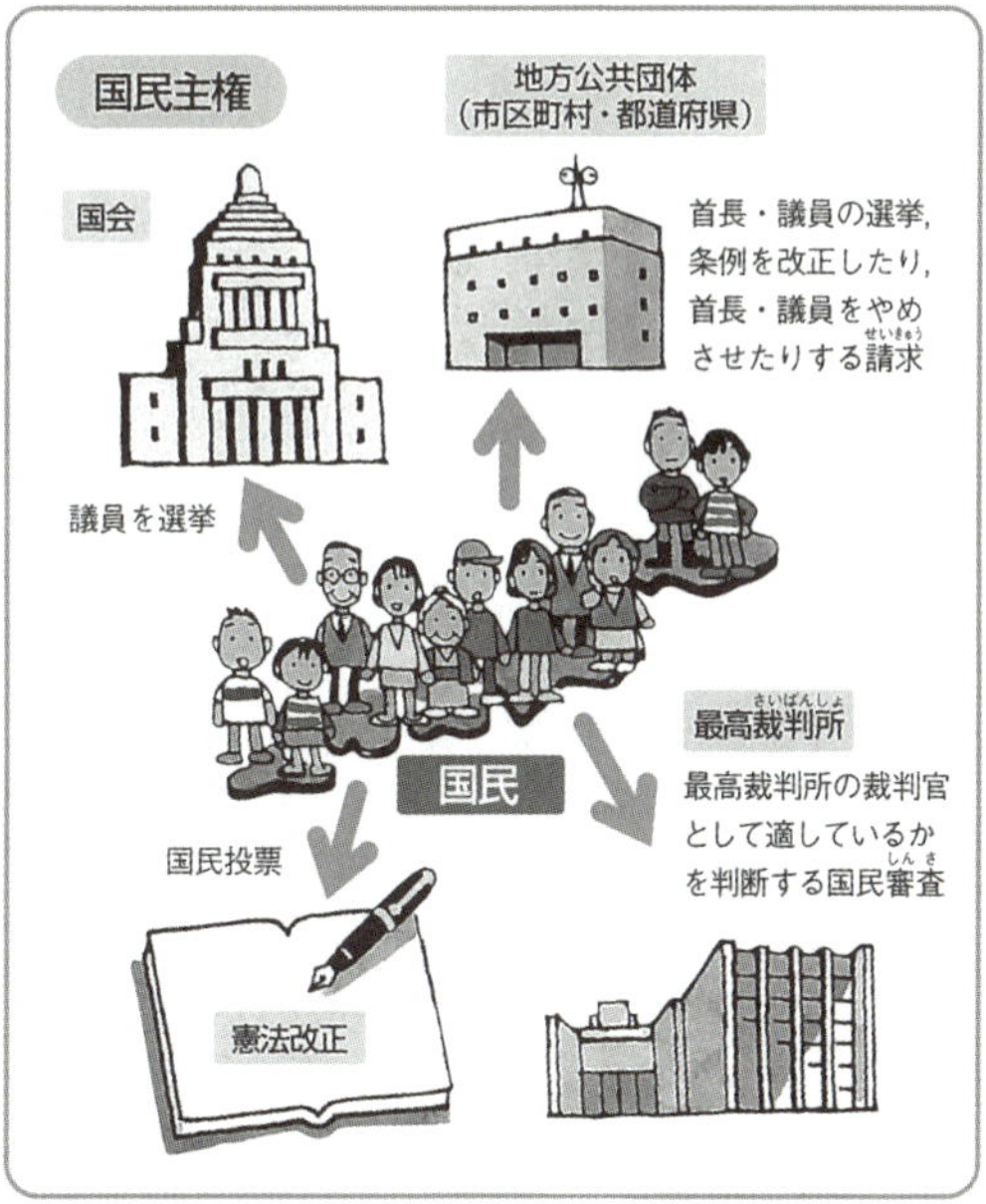

⑤政治に参加する権利

政治に参加する権利（参政権《さんせいけん》）は，日本国憲法《けんぽう》の三つの原則の一つである**国民主権**にもとづきます。憲法では，国の政治を進める主権は国民にあると定められており，国民は主に自分たちの代表者を選挙で選ぶことによって，国の政治を動かしています。

（東京書籍『新編新しい社会6年下』47ページ）

『テレビが伝えない憲法の話』木村草太（PHP新書）

教科書では選挙の例をあげていますが、どう説明するのがいいのでしょう。

佐藤 主権については、首都大学東京准教授の木村草太さんの説明がわかりやすいですね。木村さんは、若手ですがいま私が一番注目している憲法学者で、彼の憲法解釈は「木村憲法学」という形でこれから主流になっていくと思います。彼は「国民主権」について、**『テレビが伝えない憲法の話』**の中でこう説明しています。

> 主権とは、近代国家の持つ強大で統一的な権力である。その範囲は、国家権力の総体、つまり、国土整備・財政・教育文化・外交・軍事など全ての国家業務に及び、また、その作用も、立法・行政・司法といった全ての権限を包摂する。この主権が「国民」に属している以上、日本国のあらゆる権力は「国民」の意思に従って行使されなければならない。これが国民主権の原理である。
>
> （『テレビが伝えない憲法の話』60ページ）

井戸 国のあらゆる決まりごとは、すべて国民の意思によって決定されなければな

『未完の憲法』
奥平康弘／木村草太
（潮出版社）

らないということですね。私は中学生のころ、「憲法って9条の前に何があるんだろう？」と疑問に思って、ふと見てみたことがあるんです。そうしたら、1条から8条まですべて天皇と皇室について書かれていて驚きました。でも、まさしくそれは「国民主権」を宣言したものだったんですよね。

佐藤　それに関しては興味深い話があります。木村さんと憲法学の大家、故・奥平康弘さんによる対談本『未完の憲法』で奥平さんが指摘していたことで、敗戦にともなって憲法が制定されたときに、もっと「国民主権」について強く訴えられるべきだったというんですね。しかし、当時の政治勢力の中では、国体、端的にいえば天皇制を残すことばかりに気をとられていたと。憲法の1条から8条までを見ると、「国民主権」を謳っているのと同時に、そんなことも垣間見える感じがしますね。

井戸　そんな背景もあったのですね。

佐藤　『未完の憲法』は、憲法を通じて国家の本質について掘り下げた議論をしている、とてもいい本です。読みやすいし、憲法を勉強するなら、ぜひおすすめの一冊です。

❖日本国憲法の国民主権は天皇制との関係で語られている

井戸 日本国憲法では、国民主権について、前文でも「ここに主権が国民に存することを宣言し」と、主人公は国民だということが明確に書かれています。また第1条は次のような内容です。

日本国憲法

> 第1条【天皇の地位と主権在民】天皇は、日本国の象徴であり日本国民統合の象徴であつて、この地位は、主権の存する日本国民の総意に基く。

井戸 天皇はあくまでも「象徴」で、逆にいえば「象徴以外の役割を認めない」といっているわけですよね。続いて第4条では、「国政に関する権能」ももたないと書かれていて、政治に関して天皇が自分の考えを述べることはできません。つまり、日本国憲法の最初の8つの条文で、この国の主権者は天皇ではない、国民であると

『日本国憲法概説』
佐藤功
（学陽書房）

明確に宣言しているともいえます。

佐藤　そうですね。憲法の第1条から第8条までは「第1章　天皇」というくくりになっていて、木村さんは『テレビが伝えない憲法の話』の中で、「憲法第一章は、『天皇』という表題の下で、国民に主権があるということを宣言し、国民主権が蝕まれないように、天皇制の限界を規定している」という明快な説明をしています。

井戸　そこのところが、「万世一系ノ天皇之ヲ統治ス」としていた明治憲法とはまったく変わったところですよね。

佐藤　明治憲法は、君主が制定して国民に与える「欽定憲法」でしたからね。私が学生時代に憲法を勉強した佐藤功**『日本国憲法概説』**にはこう書かれています。「明治憲法の根底に存する原理は、いわゆる『国体』の原理、すなわちわが国の建国以来の基本特色は、天皇が神勅に基づいて大日本帝国を統治し、臣民は本来この天皇の統治に無条件に服従する地位にあるという原理であつた」。

井戸　つまり、戦前の明治憲法では、主権は天皇にあったわけですよね。

佐藤　ええ。それが、日本国憲法の制定によって、主権者は国民であるということが明確に宣言されたわけです。

❖基本的人権――差別を固定化した「主権回復の日」

井戸　さて、日本国憲法の大きな三本柱の2番目は、「基本的人権の尊重」です。

基本的人権とは、「だれもが生まれたときからもっている、自由で平等に、人間らしく幸せに生きる権利」のことです。日本国憲法では、この権利を永久の権利と定め、さまざまな国民の権利を保障しています。

基本的人権を尊重する憲法の精神をもとに、全ての人が豊かに、人間らしく暮らせるような社会をつくりあげていくことは、政治の最も大切な役割なのです。

佐藤　憲法で基本的人権について宣言されているのは、第11条です。

基本的人権の尊重についての説明［小学校の教科書］

基本的人権《じんけん》の尊重《そんちょう》

基本的人権とは，「だれもが生まれたときからもっている，自由で平等に，人間らしく幸せに生きる権利」のことです。日本国憲法《けんぽう》では，この権利を永久の権利と定め，さまざまな国民の権利を保障《ほしょう》しています。

基本的人権を尊重する憲法の精神をもとに，全ての人が豊かに，人間らしく暮《く》らせるような社会をつくりあげていくことは，政治の最も大切な役割《やくわり》なのです。

私《わたし》たちの周りには，江戸《えど》時代の身分差別がもとで，今でも，結婚《けっこん》や就職《しゅうしょく》のときに差別を受けている人たちがいます。また，アイヌの人たちや日本に暮らす外国人たちに対する差別や偏見《へんけん》もあります。基本的人権を守るためには，こうした差別や偏見をなくすことが大切です。

（光村図書『社会6』174～175ページ）

日本国憲法

第11条【基本的人権】国民は、すべての基本的人権の享有を妨げられない。この憲法が国民に保障する基本的人権は、侵すことのできない永久の権利として、現在及び将来の国民に与へられる。

井戸　そのあとの条文でも、「個人の尊重」「法の下の平等」「奴隷的拘束及び苦役からの自由」「思想及び良心の自由」「信教の自由」などと、基本的人権についての条項が続きますね。

しかし、憲法ではきちんと保障されているのに、実際の社会の中では、基本的人権に関連していろいろな問題がありますよね。まず思い浮かぶのは被差別部落などの差別問題や冤罪の問題、女性差別や私が取り組んでいるジェンダーの問題、子どもや障害者の権利の問題もあります。

佐藤　それらはもちろん存在しますが、私としてはここではむしろ「構造化された差別」について論じたいんです。

井戸　沖縄の問題などですか？

佐藤　そうです。たとえば2013年に、安倍政権は4月28日を「主権回復の日」としましたよね。ここにも「構造化された差別」の問題が潜んでいます。

佐藤優の深掘り講義 6

「主権回復の日」と沖縄

主権回復の日は、1952年4月28日にサンフランシスコ平和条約が発効し、連合国軍による占領が終了したことにちなむものです。

しかし、この条約で沖縄を含む南西諸島や南方諸島は、アメリカの占領統治領として残されました。「主権回復」というものの、サンフランシスコ平和条約第3条では、沖縄と奄美と小笠原を切り離したわけです。

そうすると、沖縄の側からすれば、回復された主権からは「外側」になっているということです。安倍政権は、4月28日に主権が回復された人たちに対してはやさしい。しかし、それ以外の領域に対しては冷たいわけです。

にもかかわらず、なぜ沖縄が怒っているのか東京の政治エリートには理解できない。そして、東京がなぜこんなことをするのか沖縄の側もわからないという現実があります。

これは、「差別」という補助線を引けばわかります。

1952年4月27日までは、日本は平等に主権がなく、平等に占領下でした。ところが、4月28日の主権回復を境に、それが不平等になったわけです。

ここで考えたいのが、小笠原と奄美の問題です。

小笠原と奄美も、沖縄と同時にアメリカの施政権下に置かれたわけなので、東京都知事や鹿児島県知事も怒っていいはずですよね。しかし、そういう声は聞いたことがありません。なぜ怒らないのかというと、小笠原と奄美では、もうそれは過去のことになっているからです。

沖縄では過去になっていません。その違いは何かというと、米軍基地があるからです。日本の国土の0・6%でしかない沖縄に日本にある米軍基地の74%があるという、この状況は不平等以外の何物でもない。そして、その不平等な状況はずっと変わっていない。つまり、「構造化された差別」が沖縄との間にあるということです。

井戸　「主権回復の日」というのは、民主党政権では議論もされていないと思います。

佐藤　そうすると、メディアは「民主党は決断できなかった。安倍政権になって一歩進んだ」といいますよね。これは大きな間違いです。むしろ差別を拡大していて、主権という国家の問題、あるいは民主主義の問題から考えると、最後は沖縄が日本から離脱していく可能性が出てきますよ。そういう危険な状況をつくり出しているわけです。それは安全保障上の脅威でもあるのに、それが見えないわけです。

井戸　沖縄のみなさんから、「同じ国民として扱っていないのではないか」という声が出てくるのも当然ですね。

❖平和主義――「積極的平和主義」というまやかし

井戸　憲法の基本原則の3番目は「平和主義」です。教科書の説明を見てみます。

――

日本国憲法の前文には、平和へのちかいが書かれています。それは、二度

平和主義についての説明［小学校の教科書］

歴史の学習で学んだように，戦争は人の命をうばい，生活を破壊《はかい》するだけでなく，心に大きな傷跡《きずあと》を残します。日本国憲法《けんぽう》の前文には，平和へのちかいが書かれています。それは，二度と戦争をしないという国民の決意を示したものです。憲法の条文では，外国との争いごとを武力で解決しない，そのための戦力をもたないと定めています。

（東京書籍『新編新しい社会6年下』48ページ）

と戦争をしないという国民の決意を示したものです。憲法の条文では、外国との争いごとを武力で解決しない、そのための戦力をもたないと定めています。

井戸　平和主義で話題になることが多いのは憲法第9条ですが、憲法の前文にも、「政府の行為によって再び戦争の惨禍が起ることのないやうにすることを決意し」「恒久の平和を念願し」「平和を維持し」といった平和を誓う文言が随所に使われています。ただし、平和主義に関しては、最近は「積極的平和主義」という

『新・戦争論』
伊藤憲一
（新潮新書）

こともいわれていますよね。

佐藤　積極的平和主義というのは、元来は北欧で唱えられていた、「安全保障メカニズムによって監視システムなどをつくって戦争をできない体制にしていく」ことです。近年、日本でいわれているのは、それを一歩進めた変形バージョンです。元外交官の伊藤憲一さんの**『新・戦争論』**で書かれた考え方ですね。

どういうことかというと、第二次世界大戦後、国連の体制で戦争が違法化されて犯罪となり、それを国連の安全保障理事会が平和維持行為として取り締まるという体制になりました。その警察活動に協力することが平和主義なんだ、というわけです。だから、イラク戦争も「戦争」ではなく、平和を維持するための「制裁行為」だととらえています。

井戸　つまり、「平和のために戦争に参加しよう」ということですか？

佐藤　まさにそういうことで、積極的平和主義というのは戦争をすることなんです。ちょっと乱暴な考え方ですね。

裏の社会科

【憲法9条】

❖憲法9条と自衛隊は矛盾しない

井戸 ここまで、日本国憲法の基本三原則について話してきましたが、「裏の社会科」としては、その憲法を変えようとする動き、憲法改正を軸に話していきます。

憲法改正というと、先ほども触れた9条の問題が以前からありますよね。戦力を否定しているにもかかわらず自衛隊が存在していて、安全保障関連法案では、自衛隊が海外で他国軍を後方支援することなどが法制化されました。私も自衛隊については、憲法との関係では後づけの言い訳的解釈が続いてきたと思っていますが、憲法との矛盾はどう考えればいいのでしょうか。やはり改正すべきなのでしょうか？

佐藤 憲法9条の改正は、じつは虚妄な議論という側面があります。第9条の条文を引用しますので、よく見てみてください。

日本国憲法

第9条【戦争の放棄と戦力及び交戦権の否認】日本国民は、正義と秩序を基調とする国際平和を誠実に希求し、国権の発動たる戦争と、武力による威嚇又は武力の行使は、国際紛争を解決する手段としては、永久にこれを放棄する。

2　前項の目的を達するため、陸海空軍その他の戦力は、これを保持しない。国の交戦権は、これを認めない。

佐藤 自衛のための最小限度の軍備はもてるんです。その中には最低限度の核兵器

『池上彰の憲法入門』
池上彰
（ちくまプリマー新書）

も含まれているというのが、内閣法制局の解釈です。そうすると、核の所持ということにも憲法の縛りはないわけです。

井戸　よく指摘されるように、ポイントは第2項の「前項の目的を達するため」という箇所ですよね。これについては、池上彰さんの**『池上彰の憲法入門』**の説明が非常にわかりやすいと思いました。

> つまり、「戦争」と「武力による威嚇又は武力の行使」は、「国際紛争を解決する手段」としては放棄した。そのための「戦力」は「保持しない」。だから、**「国際紛争を解決する手段」ではなく、自国を守るための力だったら持ってもいいと解釈できる**、というのです。
> 　**もともと、あらゆる戦力を放棄することを目的にしていたはずの第九条が、「前項の目的を達するため」という文章を入れたことによって、「自衛力」を保持できるようになった、**というのです。
> （『池上彰の憲法入門』124ページ、強調・太字原文）

佐藤　まさにそのとおりですね。戦力の不保持だとか、自衛力は戦力に当たらないとか、いままでさまざまな議論の積み重ねをしてきたわけですが、いまや事実上、9条によって戦争ができないということはないわけです。

【集団的自衛権】

❖すでに集団的自衛権はだましだまし行使していた

井戸　では9条と自衛隊の問題に関して、憲法改正は必要ないということですか？

佐藤　短期的にはそういうことです。大きな議論を巻き起こした集団的自衛権だって、解釈を変えればできるわけです。実際にも、すでにだましだまし行使していたわけですから。

井戸　すでに行使していた？

佐藤　自衛隊の海外派遣については、個別的自衛権、集団的自衛権のどちらでも説明できる事項があります。たとえば自衛隊は、これまでにもイラクに行ったりインド洋に行ったりしていますよね。政府はこれを個別的自衛権で説明しましたが、国際法的には集団的自衛権の行使と解釈するのが普通と思います。「短期的に」といったのは、こういう問題は、いずれ法的に整理しないといけないことだからです。

そのときにはきちんと国民の合意を得たうえで、憲法改正で整理するという選択肢もありえます。そういうことをしていないと、国際的には「ウソつき」ということになってしまいますからね。

ただ、いま問題なのは、解釈を変更するにしても、「それを米ロ関係、日中関係が緊張しているいまのタイミングにやるのか」ということです。

井戸　そういうことに、政府は考えが及ばないのでしょうか……。

佐藤　あまり考えていないんでしょうね。一連の改憲論議について先ほどの『未完の憲法』では徹底的に批判していますが、この本は自民党が連立を組んでいる公明党の支持母体である、創価学会系列の潮出版社から発行されています。これは創価学会からの一種のシグナルだったと思うんです。そこに気づいたのかどうか……。

井戸　そんなことよりも、安倍首相が自らの信念に向かって突き進んでいるだけという感じもしますね。

❖憲法9条と集団的自衛権は矛盾しない？

井戸　いまの話、集団的自衛権の「行使」についても、先ほどの『池上彰の憲法入門』の説明がとてもわかりやすいと思いました。

一口に「自衛権」と言っても、「個別的自衛権」と「集団的自衛権」があります。個別的自衛権は、自国が他国から攻撃されたとき、自分の国を守る権利です。

集団的自衛権は、**互いに助け合うグループを作り、その仲間が他国から攻撃されたら、自国が攻撃されたと同じに考え、仲間の国と一緒になって、**

攻撃してきた国と戦う権利のことです。

日本政府の法律解釈を決める役所である**内閣法制局**は、いまの憲法が制定されて以来ずっと、「日本も独立国である以上、個別的自衛権も集団的自衛権も持っている」という立場です。「ただし、憲法第九条で戦争を放棄しているので、他国を応援する戦争はできないから集団的自衛権は使えない」と説明してきました。

つまり、「日本は国際法上、国家として集団的自衛権を持ってはいるが使えない」というのです。

（『池上彰の憲法入門』152～154ページ、太字原文）

佐藤　自衛権には「個別的自衛権」と「集団的自衛権」があることや、日本も国家として集団的自衛権はもっているけど使えない、行使できないというスタンスであることなど、難しいことを内容のレベルを落とさず、わかりやすく説明していますね。池上流「通俗化」の真骨頂だと思います。

【憲法改正】

❖2つの異なる話が混在する憲法改正の議論

井戸　それにもかかわらず、安倍政権が発足して以降、憲法改正についてさまざまな議論が出ました。

佐藤　日本で語られる憲法改正にまつわる議論は、そもそも2つの異なる話がぐちゃぐちゃにからまっていると思うんですね。ひとつは「手続き論」の話です。

井戸　かつて日本維新の会の傘下の都議会議員が、「現行憲法は無効だ、明治憲法に戻せ」といって物議をかもしたことがありました。あれですね。

佐藤　そうです。これは保守派の一部に、もともとある議論なんです。

佐藤優の深掘り講義 7

憲法改正の議論［1］制定の手続きは有効か

日本のこれまでの通説は、憲法学者の宮沢俊義が唱えた「八月革命説」でした。1945年8月のポツダム宣言を受諾したときに、主権（国体）が天皇から国民に移ったというものです。

ところが法制度上では、大日本帝国憲法と日本国憲法は連続性があります。現在の憲法は、手続上は大日本帝国憲法の改正によって成り立っているわけです。

では、占領下に制定された憲法が有効なのか。そもそもそんなときに、国体を変更するような改正ができるのか。これが「手続き論」の問題です。

保守派の一部ではもともと唱えられていて、「現行憲法は占領下の国際法的な意味合いしかもたない、だから現行憲法を廃止すれば、日本は独立しているわけだから直ちに大日本帝国憲法が回復する」という考え方です。

しかし、これは国際的にはまったく説得力がありません。憲法が制定されてから70年近くにわたって、日本は一度も国家として改正や異議申し立てを行っていないわけです。国際常識としてとらえれば、それは「受容している」と見なされても仕方ありません。

井戸　そのような「手続き論」うんぬんによる改憲論が、国際的に認められるとはとても思えません。そうしたところまで想像力が及ばない政治家がどうして生まれてくるのか。また、どうしてそれを支持する人々がいるのか。本当の狙いは何か別にある気がします。

❖改憲派の本当の狙いは「国体」を憲法に盛り込むこと

佐藤　そこでもうひとつ問題になるのは、憲法に「国体」を盛り込んで、先ほどお話しした実念論的なものにしたいと考える人たちの議論です。

井戸　安倍さんが考えているのはこれですね。

佐藤　そのとおりです。

憲法改正の議論［2］「国体」を盛り込んだ憲法に

憲法というのは国家を成り立たせるもので、「目に見えない憲法がある」という考え方がどの国にもあります。「憲法＝国体」という考え方です。

安倍政権の憲法改正の議論は、「手続き論」的なことを表に出していますが、本当に考えているのは、日本の伝統の国体論の話だと思います。

彼らは、普遍的な人権ではなくて、日本の伝統に話をもっていきたい。皇室のような万世一系《ばんせいいっけい》とか、高天原の神々の思想をいかに憲法に反映させるかという発想です。神話の話を法律の話に押し込もうとしている。そういうことがはたして可能なのかということです。

井戸　これは、近代国家という考え方に逆行しているのではないですか？　先ほど話した憲法の理念から考えても論外だと思いますが。

佐藤　もちろん、近代法的には論外です。ただし、こういう考え方に魅力を感じる保守派の政治家は意外と多いものです。

井戸　安倍政権が憲法に国体論を盛り込もうとしているのは、自民党の改正草案を見れば理解できますよね。「家族が互いに助け合う」などとありますが、家族の形なんて人それぞれで、憲法が介入する話ではありません。危険な発想だと思います。

第2章で話題になった総理大臣の「即位」の話（79ページ）にも重なりますが、政治家の世襲と、それを国民の側も意識・無意識を問わず受け入れてしまっていることの弊害が、じつはこんなところにも出てきているような気がしますね。

❖必要なのは「国際社会にどう受け止められるのか」という視点

佐藤　そもそも憲法改正についての議論の中で決定的に欠けているのが、「憲法を改正することが国際社会にどう受け止められるのか」という、先ほど1番目の議論の結論としてお話しした問題です。

井戸　国民主権の話でも話題に出た木村草太さんの『テレビが伝えない憲法の話』

には、「日本国憲法の三つの顔」の2番目に、「外交宣言」としての顔があると書かれていますね。日本国憲法には国内法典以上の意味がある、と。

佐藤 まさにそのことですね。憲法というのは、その国がどんな国なのかという国際的な宣言でもあります。そうすると、現行の憲法は、ポツダム宣言の受諾、玉音放送、9月2日の降伏文書への調印、憲法の改正、そしてサンフランシスコ平和条約という、この一連の戦後処理の中の文脈で理解しなければいけないことなんです。

井戸 それを無視するようなことをすると、国際社会でどう受け止められるか、それがもつ意味をどう解釈されるのかということですね。

佐藤 そうです。憲法改正に関して非常に消極的な考え方の人たちが出てくるのは、この一連の流れに対して、「国際社会にどう受け止められるのか」という部分を考えるからです。憲法を国際的な宣言とすると、改正が他国にどういう効果を与えるのか。そこの議論が決定的に欠如しています。

井戸 憲法改正に限らず、いまの日本の政治家は、首相をはじめ、「自分の言動が諸外国からどう見られるのか」ということにあまりに無自覚なように思います。

たとえば靖国神社参拝の問題でも、「ほかの国にとやかくいわれる筋合いはない」といってしまって、そこで冷静な議論が止まってしまい、とくにマイナスの情報は受け入れようとしない人が多い。

佐藤　そのとおりですね。先ほどの集団的自衛権の話と同じで、そういう行動をとったときに国際社会にどういう影響が出るのかということに理解も想像も及ばず、自らの信念に向かって突き進んでしまう。政治エリートが極端に自己中心的になりはじめている証拠だと思います。

井戸　まさに佐藤さんがよく警鐘を鳴らしている「反知性主義」ですね。客観性や実証性を軽視または無視して、自分の欲したいように世界を理解し、自分の都合のいい物語の中に閉じこもってしまう。

佐藤　ええ。そのうえ、そういうことをしたら、外からどう見られるかという感覚はほとんどない。だから危ないんですよ。

井戸　国民のほうも、そんな政治家のいわば思考停止状態に対して鈍感なのが気になります。国民自体が自己中心的になりはじめていることの反映かもしれませんが。

❖「押し付け憲法論」にはまるで意味がない、その理由は？

井戸　ほかにも憲法にまつわる議論でいうと、いまの憲法はアメリカから押し付けられた「押し付け憲法」だという議論もあります。

佐藤　これは、先ほどの1番目の問題と同じです。「押し付け憲法論」には、はっきりいってまるで意味がありません。重要なのは、手続きではなく内容です。
簡単にいうと、押し付け憲法論というのは、「国民が主体的に決めた憲法じゃないからダメだ」ということですよね。たしかにいまの憲法は、占領下で改正手続きをとってつくられたもので、改正の限界を超えているような要素もあります。しかし、それを「日本国民に押し付けたからダメだ」という手続き論でいうならば、戦前の大日本帝国憲法だって押し付けではないかということになるんですよ。

井戸　国民が主体的に決めた憲法ではない点で、同じということ？

佐藤　そのとおりです。大日本帝国憲法は、先ほど裁判所のところでもお話しした、当時の諸外国との不平等条約を撤廃させるために、諸外国に「日本は文明国なんだ」

とアピールするためにつくったものです。つまり、一種の外圧によって、国民が一切関与していないところで、官僚の側から一方的に出てきた欽定憲法です。国民からすれば勝手に空から降ってきた憲法なんです。

井戸　まさに押し付け憲法……。

佐藤　すると、「アメリカが押し付ける憲法はけしからんけれど、外交上の都合で官僚が押し付ける憲法は構わないのか」ということです。そうやって少し詰めて考えると、議論がめちゃくちゃ錯綜するわけです。

井戸　憲法改正議論は、そこのところが整理されないまま行われているわけですね。

❖「96条改正」は非常に深刻な問題

井戸　9条改正が難しいならということで、憲法改正の手続きについて定めた96条を先に改正しようという動きもありますね。

佐藤　「96条改正」の問題は、深刻に扱わなければいけないと思います。

日本国憲法

第96条【憲法改正の発議、国民投票】この憲法の改正は、各議院の総議員の三分の二以上の賛成で、国会が、これを発議し、国民に提案してその承認を経なければならない。この承認には、特別の国民投票又は国会の定める選挙の際行はれる投票において、その過半数の賛成を必要とする。

井戸 憲法は、一般の法律とは違って、改正の条件が厳しくなっていますね。

佐藤 そのような憲法を「硬性憲法」といいます。一般の法律と同じ手続きで改正できる憲法を「軟性憲法」といいますが、国際的にも憲法はほとんど硬性憲法です。

井戸 憲法改正は、衆参両院で総議員の3分の2以上の賛成で発議をすると明記されています。これを「2分の1」に緩和しようとするのが、「96条改正」の動きです。

佐藤 このように96条を改正するとはどういうことか。一言でいうと、「こそこそと隠れて永田町だけで憲法を変えられるようにする」ということです。

現行では、総議員の3分の2以上の賛成で発議というハードルが最初にあり、そのうえで国民投票を経る、という2つのハードルがあります。これによって、憲法改正のときは国民的な大議論を起こさざるを得ないわけです。

これが、総議員の過半数で発議できて、国民投票を仮になくすとすれば、永田町はこそこそといつでも憲法改正ができてしまう。じつに危ないことだと思います。

井戸　「3分の2」を「2分の1」にするという発想は、最近の国会でしばしば目にする、「説明する」「説得する」という行為そのものを放棄したようにも思えます。

佐藤　そもそも、そういうことをやめさせるための硬性憲法にしないといけないというのが96条です。だから、「96条だけをまず変えよう」という議論は危険そのものので、憲法制定権力はどこにあるのかという根本と、本来は関わるはずなんです。

憲法を改正しようというときに、国民的な議論を呼び起こすためには、硬性憲法にしておくことに非常に意味があるわけです。だから、国会議員や一部の官僚といった政治エリートの力によって、国民的な大きな議論が起きないところで、こここそ変えることができないようにすることは、何よりも大事です。

第4章「憲法」の基礎知識のまとめ

表の社会科

37 憲法は**「権力を抑えるためのもの」**。「国民が国家を抑える」というのが近代憲法の考え方。

38 憲法は**「国家を成り立たせるためのもの」**でもある。「国体」と憲法は連続している。

39 イギリスやイスラエルに成文憲法がないのは、「目に見えないけれども確実に存在する」という「実念論」の影響。**日本の憲法も「実念論」に近い。**

40 日本国憲法の三大基本原則は**「国民主権」「基本的人権の尊重」「平和主義」**。それぞれ日本国憲法の「第1章　天皇」「第2章　戦争の放棄」「第3章　国民の権利及び義務」に対応している。

裏の社会科

41 **憲法9条の改正は、じつは虚妄な議論という側面**がある。現状でも、自衛のための最小限度の軍備はもて、その中に最低限度の核兵器も含まれるのが、内閣法制局の解釈（核の所持に憲法の縛りはない）。

42 **集団的自衛権もすでにだましだまし行使している。**いつか法的に整理する必要があるが、「国際関係の緊張が続くこのタイミングでやるか」は別問題。

43 憲法改正は「その国がどういう国か」という国際的な宣言でもある。**「憲法を改正することが国際社会にどう受け止められるか」**という議論が決定的に欠けている。靖国参拝問題も同じ。

44 96条改正（改憲要件を緩和）の動きは**「こそこそ隠れて永田町で憲法を変えられるようにする」**もの。

第Ⅱ部

国のルールはどう決まっている?

第5章

これだけは知っておきたい「三権分立」の基礎知識

表の社会科

【三権分立】

❖三権分立という仕組み——権力の暴走を抑えるシステム

井戸　民主主義の基本といえば三権分立です。具体的にどう運用されているのか、「国会」「内閣」「裁判所」についてはすでに第Ⅰ部で話してきました。ここでは、そもそも三権分立とはどのような仕組みかについて話していきたいと思います。

教科書では、次のように説明されています。

三権分立についての説明［小学校の教科書］

ステップ 調べる 話し合う

国の政治の仕組みについて考えよう。

国の政治は，一つのところに力が集まることのないように，国会が行う立法，内閣《ないかく》が行う行政，裁判《さいばん》所が行う司法の三つの役割《やくわり》を分担《ぶんたん》して，仕事を行っています。これを「三権分立《さんけんぶんりつ》」といいます。こうした国の政治の仕組みは，日本国憲《けんぽう》法に定められています。

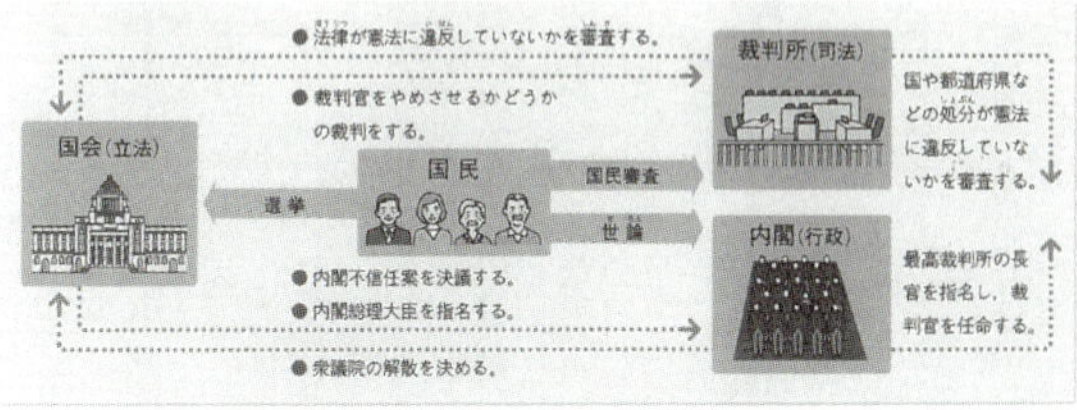

（光村図書『社会6』165ページ）

国の政治は、一つのところに力が集まることのないように、国会が行う立法、内閣が行う行政、裁判所が行う司法の三つの役割を分担して、仕事を行っています。これを「三権分立」といいます。こうした国の政治の仕組みは、日本国憲法に定められています。

井戸　三権分立は「民主主義の政治を進めるための大切なしくみ」という説明をしている教科書もあります（教育出版『小学社会6下』17ページ）。憲法でも、先ほどの基本三原則に続いて、「第4章　国会」「第5章　内閣」「第6章　司法」の順で書かれていますね。改めて、三権分立の重要性はどこにあるのでしょうか。

佐藤　権力が1か所に集まっているのは一見、非常に効率的です。でも、たとえばナチスでもソ連でも、そういう権力は暴走しましたよね。もっと古い時代からそうだったわけです。どんな権力でも、1か所に集めておくと暴走する。そういう経験則から生まれた発想ですね。

井戸　権力を分けて均衡させておくということが重要だという、歴史の反省から生まれてきた仕組みなんですね。

❖日本の三権分立の問題点——司法権が国民の審判を受けていない

井戸　三権分立を考えるときに、選挙の一票の格差の問題はいい例ですよね。各地の裁判所で、違憲・選挙無効の判決が出ています。裁判所が国会にレッドカードをつきつけたのは、まさに三権分立が機能している証拠です。私が起こした戸籍取得のための行政裁判も、三権分立というシステムがあったからこそできたことです。

佐藤 ただ、現在の日本の三権分立にも問題はありますね。究極的に問題なのは、司法権が国民の審判を受けていないところに存在することです。

井戸 第3章で話した、最高裁判所判事の国民審査の問題ですか？

佐藤 それもありますが、それ以前に高裁までの判事はまったく国民の審査を受けていません。判事は資格試験によって合格した官僚です。そうすると、国民から直接選ばれた国会議員と比べると、どちらのほうがより国民に近いかということです。

井戸 「近さ」でいうならば断然、国会議員になりますよね。

佐藤 ええ。そのうえ、国民の審査を受けていない官僚が、選挙によって当選した国会議員の議席を奪うことができるのか。そのせめぎ合いがありましたよね。

井戸 小沢一郎さんの元秘書、石川知裕元衆議院議員のときも議論になりましたね。

佐藤 そうです。石川議員は陸山会をめぐる政治資金規正法違反事件で起訴され、一審、二審とも有罪判決を受けて、最終的には議員を辞職しました。

この件については「可罰的違法性」、つまり法に触れていたとしても刑事罰を可とするほどの違法性があるのかということが問題で、民意による洗礼を受けていない裁判官が、民意によって選ばれた国会議員の資格停止につながるようなことをこういう形でできるとしたら、大変怖いことですよ。

❖三権分立の本当の問題――権力分立していても国民の権利は保障されない？

井戸　三権分立の問題点を私の経験から話すと、私も民法改正のために奔走しましたが、法改正をしようとすると、最終的には「裁判をおやりなさい」と政治家からも官僚からもいわれるんです。「最高裁判決が出れば法律を変えざるを得なくなるから」と。立法府や行政の人が「司法に行け」というんですね。三権は分立しているけれども、それぞれが依存しているみたいなところがあり、矛盾を感じました。

佐藤　それはそうでしょうね。三権分立や権力分立というのは、最終的に考えるとどうなっているのかよくわからなくなってくるので。

井戸　もたれ合いではないですが、お互いに責任をなすりつけている部分もあるような気がします。これが私の実感です。

佐藤　権力分立において本当に重要な問題は、「司法権と行政権と立法権の間で牽制を図っても、国民の権利や自由が保全される保障がどこにもない」ということなんです。たとえば、一票の格差の問題では最高裁でも違憲判決が出ましたが、衆議院選挙で立法府が憲法違反をすることは想定されていませんよね。想定していないことが起きた場合に、どうすればいいのか、どこにもマニュアルがないんです。そうすると、想定していないことをやっている立法府が国民の権利を本当に守ってくれるのかどうか、どこにも保障がありません。

井戸　権力者の暴走を止めるために、憲法はつくられているわけですよね。だから、違憲や違憲疑いの判断を下されれば、すぐに法改正されるものだと思っていたのに、選挙の票が気になる政治家は、国民の声が二分されるような問題や自らの待遇処遇に関しては、なんだかんだいって動きたくないんですよ。現状維持がラクですから。そして、裁判所の判断が出てもなるべく自分が責任者のときに変えないようサボタージュする。ずっとこの繰り返しで先送りされてきているんですよね。

【中間団体】

❖中間団体ってなに？

『法の精神』
モンテスキュー
（全3巻、岩波文庫）

井戸　三権分立というと、中学や高校の社会科では、モンテスキューの『**法の精神**』で提唱されたと習いました。

佐藤　たしかに、『法の精神』には三権分立についても書かれていますね。でも、『法の精神』は誤読されていて、モンテスキューが最もいいたかったのは権力分立ではないんです。『法の精神』で重要なのは、第3部の中間団体のところです。

モンテスキュー『法の精神』と「中間団体」

モンテスキューは『法の精神』の中で、「国家のような巨大な権力に対して、個人の自由、人権は保全されない。人権が保全されるためには、中間団体、すなわち教会やフリーメイソン、ギルドといった、自分たちの仲間を自分たちで助けることができて、国家に依存しないでやれるような団体がないといけない、それがないと民主主義は担保できない」という意味のことを主張しています。権力の分立というのは、そこから出てくる話です。

中間団体とは、個人でも国家でもない、その中間的なところにあるものです。たとえば、会社も中間団体です。法律を無視してでも利益を追求するというのが中間団体で、国家のいうことは聞かず、「会社の利益」と「国の利益」はどちらが大切かといえば、もちろん「会社の利益」というのが中間団体の特徴です。

労働組合も中間団体です。「会社の利益」より「労働者の利益」を大切にするのが労働組合ですからね。

❖中間団体解体の背景にはソ連崩壊が

佐藤 ところが、いまは中間団体がどんどん解体されているんです。そうすると、国家のストレートな支配が非常に起きやすくなるという危険性も出てきます。

井戸 なぜ中間団体が解体されてきているのですか？

佐藤 そもそも資本主義システムというのは、中間団体を崩す傾向にあるわけです。契約社会というのは、個の自立などといいながら、最終的に一人ひとりをバラバラにするところがあるんですね。

資本主義システムの中で競争をしていくとき、そこでの主体はじつは人間ではなく「資本」なんです。運動する資本としてどんどん自己増殖を遂げて、それがどんどん力をつけてきます。また、それはあるところまでは国家と一緒に付き合うのですが、あるところからは国家と別になるんです。

井戸 あるところの分岐になるきっかけは何なのですか？

佐藤 置かれている状況によりますね。たとえば、いま日本でなぜ労働組合、中間団体が弱くなっているのかというと、ソ連が崩壊したからですよ。

佐藤優の深掘り講義⑩

日本で社会福祉が充実した理由

共産圏は情報を閉ざしていたので理想化されている部分があり、ソ連はずっと福祉先進国と見られていました。ゴルバチョフがペレストロイカで扉を開くまでは、医療も教育も無料で、年金も整っていると思われていたんです。たしかにそういう面があったのも事実です。水準はきわめて低いものでしたが。

すると、資本主義国では、「社会福祉をやらないと共産主義になってしまう」という焦りが出てきます。

ソ連が存在していたときは、「共産主義革命だけは避けたい」という気持ちが資本主義国で働いていました。だから、共産主義革命を避けるためにも、国家が介入したわけです。「資本主義体制を維持する」という観点から、労働者に対する保護政策、社会保障政策をするという構造がありました。

井戸　「共産主義の脅威が日本の社会福祉を増進させていた」というのは、目からウロコの視点ですね。よくいわれるジョークに、「世界で最も成功した共産主義国家は日本」というのがあります。これも、ある意味では間違いともいえなかったわけですね。

中間団体が崩れると、社会がバラバラになる

佐藤　いまの日本で、最も重要な中間団体は会社です。会社が福利厚生をきちんとやれば、国家に依存しなくても社員は安心して生きていけます。中間団体が会社だから、「低負担・高福祉」もできるわけですね。

井戸　終身雇用制度が当たり前だった時代とはかなり変わってきているものの、「中間団体」としての機能はある程度、果たされているんですね。

佐藤　それから、ある意味では家族も中間団体なんです。家族だったら助け合うのが当たり前だと。だから、一昔前まで親の介護をするのは嫁の仕事で、それをやっ

『デフレーション』
吉川洋
（日本経済新聞出版社）

て当たり前とされてきました。その仕事は、カネには代えられないものです。

井戸　家族も「中間団体」というのはよくわかりますね。

佐藤　ところが、中間社会論のひとつの怖さは、「中間社会（中間団体）は身内は守ってくれるがその外側は守ってくれない」ことです。日本は中間団体から外れた人、たとえば非正規雇用の人や母子家庭に対しては、ものすごく冷たい社会ですよね。

井戸　そこからはじき出された人には、とことん冷たいですね。だから、みんな是が非でも「正社員」になりたいと考えます。いまは、なかなかなれない現実もありますが……。

　昔は、家族にも「永遠の司法浪人」みたいな人がいましたよね。いまでいえばニートになるんでしょうが、家族は一生受からないのもわかっていながら、包含して食べさせていたりしたものでした。

佐藤　ただ、中間団体というのは、効率性がよくないんです。それから、競争原理になじまない。そのかわり、独自のメンタリティーができるわけです。

　吉川洋さんの『デフレーション』は、日本の中間団体的なものとして読むこともできる優れた本です。日本では、「うちの会社は業績が悪かったんだ」というと、労働者は賃金が上がらないどころか、賃下げにも納得してしまうんですね。その代わり、解雇が起きません。

ところが、その枠が競争社会の中で崩れてしまったんです。会社が中間団体の機能を果たさなくなって、会社の中でも競争や原理主義が広がってくる。すると、「出世できないなら会社を辞める」と簡単に辞める人が増えます。あるいは、会社はとりあえず腰掛けとか、ノウハウだけ身につけようと考える若手が増えます。

そうすると、上司や先輩社員は、その若手にノウハウを教えるはずがないですよね。その結果が、使うだけ使って使い捨てということです。

井戸　だから派遣労働やパート、アルバイトでは、仮に働けたとしてもスキルが全然身につかない構造になっているわけですね。

佐藤　そのとおりです。たとえば宅配業者で荷物の仕分けの仕事なら、仕分けだけずっとやらされる。本来は仕分けをしながら全体の流れを見るとか、配車をするとか、いろいろなことを覚えて物流の管理部門にだんだん上がっていくわけですよ。

でも、そうならない。20歳で集荷をやっていた人が、15年経って35歳になっても同じことをやっている。賃金もほとんど同じ。

だから、中間団体が崩れることによって、社会がバラバラになっているんです。そうなると、社会がどこかでもう一回再結集しなければいけません。すると、「動員型政治」が行われるわけです。ファシズムです。

井戸　「動員型政治」とはどういうことですか？

佐藤　普段は政治に関与していない人を、「集まれ」といって集めてくることです。それで束ねる。「ファシオ」というのは束ねるということです。「この指とまれ」というと、みんながとまってくる。このときに市民が自発的に集まってくるのではなくて、「この指とまれ」と集めている人がいるんです。これが動員型政治で、その内側にいる人たちには温かい。外側にいる人たちに対しては冷たい。ただ、それは中間団体ではないわけですね。

いままでの旧来型の共同体がもはやもたないのは確かで、一度バラバラにしたあと、固め直すことが必要です。

井戸　その再構築には慎重さも求められますよね。「不信」のまま人々を束ねたら、ファシズムに行き着くという指摘には危機感をもちます。

❖「瑞穂の国の資本主義」の不可解

佐藤　そこでどうするか。安倍さんは、「瑞穂の国の資本主義」ということをいいましたよね。神々の神話に頼る、高天原の神話に頼るという形で、日本人をもう一回まとめられないかと思っているんです。

井戸　「瑞穂の国の資本主義」というのは、外国人には理解できないでしょうね。そもそも、どう訳せばいいのか……。

佐藤　意訳するなら「Japanese way of capitalism」でしょうか。瑞穂の国というのはイコール日本だから「日本型資本主義」という言い方ですね。でも、国際社会では違和感をもたれますね。

いまの韓国の朴槿恵《パククネ》大統領のお父さんの朴正熙《パクチョンヒ》大統領の時代に、「韓民主義」「韓国型民主主義」というのがありました。大統領緊急措置第9号とか、そういう独裁的なものを「韓国型民主主義」という形で説明したわけです。でも、普遍的な概念と違うところでの資本主義というのをもってくるのは、あまり国際社会での評判はよくありません。

井戸 瑞穂の国なのだから、コメを聖域にしてくれといいたいのでしょうか。

佐藤 コメは日本の文化の特殊なものだ、それは神々などと直結しているんだと、そういう理屈になるわけでしょう。国際社会でこれをどうやって説明するのか。神々の世界をもってきて説明するとなると、国際的なハードルはかなり高いでしょうね。

第5章「三権分立」の基礎知識のまとめ

表の社会科

45 **「国会(立法)」「内閣(行政)」「裁判所(司法)」**の3つの役割を分担するのが、三権分立の仕組み。

46 日本国憲法でも、基本三原則に続いて、**「第4章　国会」「第5章　内閣」「第6章　司法」**の順に書かれている。

47 権力は1箇所に集めたほうが効率的だが、**どんな権力も1箇所に集めると暴走する**。その経験則から三権分立が生まれた。

48 三権分立の問題は、**司法権が国民の審判を受けていない**こと。

49 そして、より根本的な問題は、司法権と行政権と立法権の間での牽制を図っても、**国民の権利や自由が保全される保障がどこにもない**こと。

裏の社会科

50 日本では、労働組合などの中間団体がどんどん解体されている。中間団体とは、**個人でも国家でもない、その中間的なところ**にあるもの。

51 いまの日本で、**最も重要な中間団体は会社**。だから、「低負担・高福祉」が実現できた。家族も中間団体。

52 **中間団体の怖さは、「内側の人」は守るが「外側の人」は守ってくれない**こと。日本は非正規雇用や母子・父子家庭に対しては、ものすごく冷たい社会。

53 中間団体が崩れて社会がバラバラになっていくと、どこかで再結集する動き、**「動員型政治」「ファシズム」の動き**が起きかねない。

第Ⅱ部

国のルールはどう決まっている？

第6章

これだけは知っておきたい「税金」の基礎知識

表の社会科

【日本の税金】

❖どんな税金があるのか

井戸　国を運営するには社会保障や公共サービス等に使うお金が必要で、国はそれを「税金」という形で国民から徴収しています。小学校の教科書にはこうあります。

福祉を進めたり、道路をつくったりするお金は、人々が納める税金でまかなわれています。（中略）

税金は、国や都道府県・市（区）町村に納めます。また物を買ったときも税金がかかります。

井戸　税をどう集めるかについては、消費税の増税が話題になることが多いですよね。でも、以前は日本では、個人の所得にかかる所得税と、企業などの法人の所得に課税される法人税が、国の税収の中心でした。

佐藤　税の具体的な話については、副島隆彦さんの**『税金官僚から　逃がせ隠せ個人資産』**に書いてある話が本質を突いていて面白かったですね。たとえば、税金といえば消費税の増税が話題になることが多いけれども、広く薄く一般サラリーマン層からとるのもこれ以上は無理だろうとなると、国家は5000万円から5億円くらいもっている小金持ちからとる方法を考える、というのです。

井戸　貧乏人ではなく、お金をもっている人からとろうというわけですね。

佐藤　そうです。ただし、「大金持ちではなく小金持ちからとる」という発想です。大金持ちは重税をかける国からは逃げ出してしまうので。

税金についての説明［小学校の教科書］

🅐いろいろな税金

福祉《ふくし》のための費用と税金　福祉を進めたり，道路をつくったりするお金は，人々が納《おさ》める税金でまかなわれています。

税金は，いろいろな方法で集められています。あおいさんは，家の人に，税金について聞いてみました。

あおいさんのお母さんの話

お父さんも，わたしも，働いている会社から毎月お給料をもらっているのだけれど，その金額のなかから，決まった割合《わりあい》で，必ず税金が引かれています。それに，今住んでいる足立《あだち》区にも，住民税をはらっています。住民税は，去年のお給料の金額をもとにして計算され，毎月のお給料から引かれるかたちではらっています。

あおいさんのおじいさんの話

わたしは，国からの年金で生活をしているよ。それでも，家は働いていたころに建てたものだし，土地も自分のものだから，建物や土地にかかる税金を毎年はらっているよ。ただ，わたしが小学生のころは，今のように，買い物をするたびにはらう税金はなかったよ。今は，小学生でも，文ぼう具やおかしを買うたびに税金をはらっているね。

税金は，だれもが安全で快適な生活を送るために使われています。もしも，税金がなかったら，わたしたちの生活は，どうなってしまうのでしょうか。

税金は，国や都道府県・市(区)町村に納めます。また物を買ったときも税金がかかります。

あおいさんの住む足立区では，区民が納めた税金だけでなく，東京《とうきょう》都や国からも補助《ほじょ》を受けて，区民のために使っています。

考えるヒント

もし税金がなかったら，くらしにどんなえいきょうが出るのか，考えてみよう。

（日本文教出版『小学社会6年下』12〜13ページ）

『税金官僚から逃がせ隠せ個人資産』副島隆彦（幻冬舎）

世界的な傾向としては法人税を低くして消費税をアップしていく方向で、なぜかというと、資本が多国籍資本になっているからです。

井戸　アマゾンやスターバックス、グーグルの税金逃れは問題になっていますね。

佐藤　たとえばアマゾンは、本社がアメリカで日本の法人税がとれません。そういう企業が増えてきていて、かといって消費税でとるのにも限界がありますよね。そうすると今度はどこに目をつけるかというと、小金持ちの人たちの相続税が必ず上がっていく。こういう構造だと思います。

【低負担か高福祉か】

❖「低負担・高福祉」を望む矛盾

井戸　税金の話では、負担と使い方のバランスが重要になってきますよね。

佐藤　高負担社会と低負担社会という考え方がありますね。これは、北海道大学から中央大学に移った宮本太郎さんの議論は説得力があると思います。

井戸　日本は、ずっと「低〜中負担で高福祉」だったという議論ですよね。

佐藤　そうです。それは国家がやる機能を会社が果たしていたからで、それが壊れてしまったのが最近噴出している諸問題の最大の原因だというのです。中間団体のところでも少し話しましたが、そのとおりだと思います。

井戸　そうすると、これからどうしていくのかという話になりますよね。

佐藤　「低負担・低福祉」のオウンリスクでやるアメリカ型にするのか、「高負担・高福祉」の北欧型にするのか。その選択をしなければいけません。

井戸　日本は選択のときが来ているにもかかわらず、政治の側も目先のまやかしばかりでそれをいわないし、いうと選挙に負けてしまうんです。

佐藤　だから、みんな「低負担・高福祉」をいうわけです。たとえば社民党などはいちばん不思議で、消費税増税に反対しました。付加価値税に反対する社会民主主義政党なんて見たことがありません。そこのところで、もうめちゃくちゃなわけです。

井戸　佐藤さんは「低負担・低福祉」と「高負担・高福祉」のどちらがいいと思われますか？

佐藤　個人的には「高負担・高福祉」が好きです。これは価値観の話になるのですが、たとえば1年間に1000万円稼いだとして、累進課税制で90％税金に持っていかれるとしますよね。それで、ひと月に10万円足らずしか残らないとしても、医療費も交通費も全部無料か、手数料の20～30円程度、教育費の心配もまったくないのだったら、そのほうが私はいいですね。

井戸　それはそれで、ある種の理想型ではありますね。

佐藤　逆に考えるとわかりやすいと思うんです。低負担で税金が安ければ、それはそれでいいことのようですが、競争に弱い人や病気になった人は、物乞いをするかそのまま死んでも構わないということになってしまいます。そういうのは、モラル的によくないと思うんです。

❖規模が大きな日本は、北欧のようにはできない

佐藤　ただ、現実的には日本では「高負担・高福祉」は無理でしょうね。問題は日本の規模で、日本は大国すぎるんです。北欧のように人口が数百万の単位なら村の連結体のようなものなので、フリーライダーが生まれにくいわけですね。

井戸　フリーライダーですか？

佐藤　コストを負担せずに、利益だけを得る人です。たとえば、沖縄の離島に行くと、国民年金や社会保険料を払っていない人なんていないわけです。銀行がなくて郵便局しかないので、誰がいくら貯金しているかみんなわかってしまう。それくらい、良くも悪くも人の目が届く社会だからです。北欧も同じような感じでしょう。

井戸　フリーライダーがいない社会は、プライバシーがない社会ともいえますね。

佐藤　そのとおりです。北欧はその意味ではプライバシーがない社会で、それは規模が小さいからです。同じことが日本でできないのは、規模が大きすぎるからです。フリーライダーが出ないようにするには、監視社会でないと無理なんです。

『中世思想原典集成11
イスラーム哲学』
上智大学中世思想研究所／
竹下政孝編訳・監修
（平凡社）

井戸　では、どうしたらいいのでしょうか。

佐藤　日本では、いまのところ処方箋が見つかっていません。

平凡社の「中世思想原典集成」に、『**イスラーム哲学**』という巻があります。その中に、悪徳都市と有徳都市というのが出てきます。

都会というのは悪徳が満ちているところで、悪いことは全部都市から出てくる。「誰も見てないや」という感じになるのは、都市の特徴なんです。みんな見ていれば、そういうことはできないですから。でも、都市にはプライバシーがあるんです。それは、裏返すと悪事があるということで、裏と表の関係なんです。

こういう中世のイスラム哲学者の見方があって、たとえばファーラービーという人の論理は非常に役に立ちますよ。

井戸　都市というのは、多かれ少なかれ悪徳都市になってしまうわけですね。

佐藤　日本は大きい国で、東京や大阪、神戸くらいの規模になれば、悪徳都市のような感じになるんです。だから、石原慎太郎さんや橋下徹さんのような人が出てくる。いわば悪徳都市の産物ですね。村からは、こういう人は出にくいわけです。

裏の社会科

【税の起源】

❖税金はどうして生まれたか？

井戸　税金の話でいうと、そもそも最初に税金の徴収を考えた人はすごいと思うんです。どこからこういう発想が出てきたのかな、と。

佐藤　柄谷行人さんの**『世界共和国へ』**や**『世界史の構造』**を読むと、税金の起源について国家の起源ともからめて面白く説明していますよ。正面からではなく、ちょっと裏側から物を見ているような感じですが、説得力があります。どういうこと

『世界共和国へ』
柄谷行人
（岩波新書）

かというと、税金というのは、共同体と共同体の関係から出ているという話です。

その前に国家の起源について、このように説明します。

佐藤優の深掘り講義⑪

国家の起源は「戦争」と「交換」のミックス

2つの共同体が出合ったとき、AとBという2パターンの関係性ができます。

Aは「戦争」で相手の共同体を征服して、もっているものも全部収奪して、全員を奴隷にします。

それに対して、Bは2つの共同体の力が拮抗している、あるいは相手のほうがちょっと弱いけど、戦った場合はこちらも大きな犠牲を受けるという場合です。この場合は、戦争をしないで「交換」をするわけです。商品の交換、あるいは女性の交換の場合もあります。姻戚関係を結んで、戦争が起きないようにするわけです。この関係性Bが、じつは社会の起源であり、商業の根っこだという議論です。

Aの関係では、いつも戦っていなければならないので、いつかは負けるかもしれな

『世界史の構造』
柄谷行人
（岩波現代文庫）

い。そうすると、AとBがミックスします。ミシェル・フーコーがいう「生権力」です。つまり、全部略奪したり殺したりしてしまうということではなく、被征服民を働かせて、その上がりを取り上げる。被征服民には子どもをつくることも認めて、その子どもも被征服民になるようにして、順位はいつまでも固定しておく。これが国家の起源だというわけです。

井戸 共同体の関係の中で、奴隷を生かしておくことから国家は始まるというわけですね。

佐藤 そうです。そして、それが形を変えたのが税金だというわけです。征服民は官僚です。だから、本質的に収奪する階級ですね。税金は、教育や国防、あるいは社会福祉のために使うといって集めていますが、税金の本質は何かというと、官僚が食べていくためなんです。

井戸 「官僚が税金で食べている」というのは、まさにそのとおりですね。

佐藤 官僚が食べていくために、年間500万円が必要だとしますよね。でも、国民からそのためだといって500万円を集めたら、国民は怒るわけです。「なぜお前たちを養わなければならないんだ」と。だから過剰に収奪します。たとえば1500万円をとるわけです。そして、500万円を国防や治安に回す。500万円は社会福祉や再分配に回す。それで「公平な分配者」という役割を装って、本質的な目的は残る500万円で自分たちが食べることです。

これが柄谷行人さんの分析で、税金の起源は、そういう支配から生まれているんだと。アナーキズム（無政府主義）の分析ですが、非常に説得力がありますね。そして国家機能が大きくなってくると、常に国家は過剰に収奪して再分配するようになります。みんなもそれに慣れてしまっているんです。

井戸　税金というのは、官僚が食べていくために収奪するシステムだったわけですね。

佐藤　ちょっと裏側からの見方ですけどね。だから官僚以外の国民は、みんな官僚が嫌いなんです。

❖官僚は「収奪する階級」である

井戸　官僚が「収奪する階級」だというのは、どういうことですか？

佐藤　階級というのは、マルクスの考え方では資本家と労働者と地主の３つになりますが、第４の階級として官僚という階級があります。官僚は、いま話したように税金で食べています。

そこのところで、小泉純一郎さんは頭がよかったわけですね。官から民へということで、郵政民営化という形で、「この人たちは公務員だ。官僚だ。これを民営化すればよくなるんだ」といったわけです。でも、郵便局員は税金をどれくらい使っていたと思います？　０円なんです。

井戸　たしかに、いわれてみれば……。

佐藤　郵便事業はたしかにマイナスでした。でも、郵便局で扱う簡易保険とゆうちょは黒字だったので、郵便事業の赤字は補填できていました。だから、郵便局員の賃金に税金は１円も使われていなかったわけです。ところが、「官から民へ」ということによって、「税金が節約できるのではないか」という印象をみんなもったわけです。

井戸　国民はみんな、「公務員は全員『税金泥棒』。自分たちは搾取されて損をしている」と思い込まされ、誰もが大なり小なりの怒りをもった。小泉さんのすごいところは、その怒りの意志を、「選挙」という形で表明する機会までセットで提供したことですね。

佐藤　ええ。これは「擬似階級闘争」です。官僚階級に対するそれ以外のすべての階級の怒りを、うまく結集したんですね。それで本体の官僚とは何のケンカもしなくて済むという、こういうフィクションです。

井戸　国民は「すり替えられた」ことに気づかなかったんですね。いまも気づいていないと思います。

第6章「税金」の基礎知識のまとめ

表の社会科

54 国を運営していくには、**社会保障や公共サービスなどに使うお金**が必要。そのためのお金を、国民から「税金」という形で徴収している。

55 大金持ちは重税をかけると国外に逃げるので、資産5000万円〜5億円の「小金持ち」が今後、狙われる。そして、**法人税を低くして、消費税を上げていく**のが世界的な傾向。

56 **日本はずっと「低〜中負担で高福祉」だった**が、それが壊れたのが諸問題の根源。

57 **「低負担・低福祉」のアメリカ型**か**「高負担・高福祉」の北欧型**か選択するべき時期にきている。

58 ただ、**政治家は「高負担・高福祉」をいうと選挙で負ける**ので、みんな「低負担・高福祉」をいう。

59 北欧のような**「高負担・高福祉」は現実的には日本では難しい**。なぜなら、日本は大国すぎるから。フリーライダーを出さないためには監視社会である必要がある。

裏の社会科

60 **税金の本質は「官僚が食べていくため」**にある。税金は官僚が食べていくために収奪するシステム。官僚は収奪する階級。

61 税金は教育や国防、社会福祉の名目で集めるが、**「たくさん集めて、残った分で自分たちが食べる」**のが、本当の目的。

第Ⅱ部

国のルールはどう決まっている?

第7章

これだけは知っておきたい「選挙」の基礎知識

表の社会科

【投票】

❖人は「実績」ではなく「期待感」で投票する

井戸　選挙は、一般の人たちが政治への意思を表明する最大のチャンスです。選挙で選ばれた人が、議員や首長となって立法や行政を担当します。教科書の説明はどうなっているでしょうか。序章でも引用しましたが、別の教科書も見てみましょう。

選挙は、国民の意見を政治に反映させ、願いを実現させるための大切な仕

選挙についての説明［小学校の教科書］

自分の意見を政治に反映《はんえい》させる　選挙の仕組み

選挙は，国民の意見を政治に反映させ，願いを実現させるための大切な仕組みです。選ばれた人は，国民の代表として，国民の意思を尊重《そんちょう》し，その生活の安定と向上に努めなければなりません。

（光村図書『社会6』164ページ）

組みです。選ばれた人は、国民の代表として、国民の意思を尊重し、その生活の安定と向上に努めなければなりません。

佐藤　選挙には、井戸さんは県議会議員も含めて何度か立候補していますよね。まずはその感想から聞かせてください。

井戸　実際に自分が被選挙者側に立った経験からいちばん違和感をもったのは、選挙とは、それまで自分がやってきたこと、つまり「実績」が評価される場ではないということです。人は「期待感」で票を入れるんです。

佐藤　非常に面白く、かつ重要な指摘ですね。期待感でモノが動くというのは、アベノミクスと同じです。

井戸　だから極端な話、何もしていない人のほうが得票できたりするんです。

佐藤 「現在の実績」ではなく、「未来」を見ているわけですね。

井戸 そうなんです。たとえば、橋をつくりました、ダムをつくりましたというのは目に見える形での実績ですが、そこには利権もあるわけです。そうしたら、「将来的にも継続していい思いができるんじゃないか」という期待感があるんですよ。それでその候補者を支持するという仕組みがあると思うんです。

でも、まじめに財政規律を守って、日本の将来を本当に考えて基盤をつくろうとすると、それは地味すぎて、みんなに期待感をもたせることができないんです。

選挙というと、普通は現職有利、閣僚経験者有利といわれますよね。でもいまの時代、やった人よりもやっていない人のほうが期待感が大きかったりします。だから、知名度がない人のほうが当選するという現象が起こるんです。

選挙に出る側からすれば、まじめにやればやるほど損をするし、実績を残しても評価されないという現実に直面することになります。

佐藤 ただ、中長期的には意外と評価されるものだとも思いますね。たとえば、当選を5回以上重ねている人は、保守・革新、与党か野党かは関係なく、その人のやっている業績が評価されていると私は見ています。だから、焦らずにがんばって実績を積んでいくことが重要だと思います。

❖選挙ではどこを見て候補者を選べばいいか、実践的アドバイス

井戸　「選挙で誰に投票したらいいかわからない」という話をよく聞きますが、私はポスターやビラを見るだけで、かなり見分けることができると思っているんです。たとえば、西日本のある男性候補者は、ビラにいきなり「私は悪い父親です」と大書していました。何かというと、彼は子どもが生まれてから10年以上、自分の子どもと丸一日遊んだ記憶がほとんどないというんです。

「それだけ自分は政治活動に没頭してきた」とアピールしたいのでしょうが、常識的に考えてそれはあり得ないでしょう。本当だとしたらワーク・ライフ・バランスがめちゃくちゃ悪い人ですよ。

佐藤　育児放棄ですね。子どもの養育を放棄して議員行為をやっていますといって、

ではどういう国にしたいのか。自分の子どもの面倒も見ない人物が、国民の面倒など見るはずがありません。

井戸 佐藤さんは選挙ではどういう人を選びますか？ あるいはこの本の読者へのアドバイスとして、「こういう人に投票すればいい」という選び方はありますか？

佐藤 僕は簡単。「部分の代表」を選ぶ。自分が社会のどういう部分にいるのか、そこを考えて、自分の利益に合致する人を選ぶということです。

たとえば民主党というのは、率直にいうと、上層のサラリーマンと知識人の政党なんです。自民党は農民と土建屋の政党です。その意味での「部分」です。それ以外の政党は、地域の利益の代表や、宗教の利益の代表です。

井戸 「部分の代表」はどんな基準で選んだらいいのでしょう。

佐藤 「部分の代表」であることをどのように言語化しているかを見るんです。自分の政策や訴えをどういうふうにして言語にし、それを味方にし、つかまえていくか。政治はその意味で言葉の芸術ですからね。心に触れる言葉を出さなければいけません。

井戸　選挙のときに、ある人からいわれた内容がとても印象的だったんです。「選挙は『コンテスト』ではなく『オーディション』でなければいけないと思っている」と。

佐藤　それも非常に面白い視点ですね。

井戸　ひとつの劇をつくるときは、主役もいれば脇役もいて、いろいろ個性があるわけで、その配役を総合して選ぶのがオーディションです。選挙も本来そうあるべきなのに、いまは全員を同じステージに並べて1位を選ぶコンテスト方式になってしまっている。配役など考えず、全体の順位で選ぶので、みんな同じような人になってしまう。それでは政治全体としてはうまくいかないのではないかと。なるほどと思いました。

だから、佐藤さんがおっしゃるような「部分の代表」と割り切ったほうが、たしかにいいような気がしますね。

【小選挙区制】

❖小選挙区制の問題点を整理すると

井戸　1位の人しか選ばれないということも含め、小選挙区制についてはさまざまな問題も指摘されていますよね。

佐藤　小選挙区というのは、政治家の新陳代謝をできなくして、いまの体制を維持するための制度です。1選挙区から1人しか公認を出せないから、誰を出すかというとき、現職優先、前職優先というのが慣例になりますよね。そうすると、よほどのことがないかぎり新しい人は出られないわけです。

井戸　そうですね。小選挙区ではまず「政党内での公認争い」の椅子取りゲームがあり、それに勝たないと試合にも出してもらえません。でも、すでに席はほぼ埋まっているので新陳代謝は起こりにくい。よほど人気のない政党なら別でしょうが。

中選挙区制なら、新陳代謝も起こりやすくなります。

佐藤 突き放して考えてみると、勝ってしまえば小選挙区制ほどいい制度はないんです。東西冷戦が終わって共産主義革命の可能性がなくなったから、社会主義に対する配慮は必要なくなりました。そうすると、国家機能を強化させるためには、小選挙区制で一党が独占するという形にしたくなったんですね。

井戸 たしかに中選挙区制のほうが、新陳代謝は起こりやすいですよね。もちろん小選挙区制にも、一党独裁に対して「いつ政権交代が起きるかもしれない」というプレッシャーを与えられるというメリットもありますが。

佐藤 ただ現実問題として、選挙制度を改革するといっても、いま勝っている人たちがやるわけです。そうすると、変化する可能性は非常に低い。勝っている人たちは、基本的にいまの制度で自分たちが肯定されているわけですからね。でも、1回落ちると感覚が変わります。「毎回白か黒かのオセロゲームではかなわない」という感覚が出てきますから。

井戸 都会だと、自分たちの選んだ議員がしょっちゅう代わりますよね。地盤という意味ではすごく弱い。一方、田舎の選挙区はだいたい地盤が固まっているから、常に有力という人がいるわけです。そうすると、田舎のほうが利権が回りやすいという構図はあると思います。

❖選挙は「信頼のメカニズム」である

佐藤 結局、選挙というのは「信頼のメカニズム」なんです。一回信頼してしまうと、裏切られても、なかなかそれを認めないで信頼しつづけるでしょう。それは、「なぜこんなものを信頼したのか」と自分を否定するのが嫌だからです。

井戸 わかります。私が3年も4年も離婚できなかったときはその状態でした。

佐藤 最初の何回か信頼して「お友達」になると、「最初に信頼した以外の分野でも信頼できるんだ」というフィクションの上で信頼関係が成り立つわけです。

『信頼』
ニクラス・ルーマン
（勁草書房）

ニクラス・ルーマンに学ぶ「信頼のメカニズム」

ニクラス・ルーマンの『信頼』という本は、「信頼のメカニズム」を知るうえで非常に重要です。

なぜ信頼というメカニズムが必要かというと、近代社会というのは複雑だからです。社会学や数学で「複雑系」という言葉が出てきますが、これはどういうことかというと、パイを考えればいいんです。生地をつくる、半分に折る、ひねる、また折る。パイの目はどこにあるか、きちんと説明できるはずです。どこにバターが折り込まれているか、関数体で示せるはずです。でも、それは非常に複雑なつくりになっている。

それと同じで、順を追っていけば複雑なものも解きほぐせるが、それは面倒くさいという話が近代社会にはたくさんあります。政治家の公約もそうで、全部が信用できるかどうかなんてわからないわけです。全部をチェックすることはできないので。

そこで、その複雑なものをいかにラクに解決するかというときに、「信頼」という複雑性の軽減メカニズムが出てくるわけです。

井戸 なるほど。一つひとつを解きほぐして確認したいけど、その作業は難儀だからその過程を単純化、簡素化するために「信頼」が必要なんですね。

佐藤 ええ。ただし人間は、時に信頼を裏切ります。しかし裏切られても、一回信頼ができてしまうと、なかなかそれを認めたがらないんです。

井戸 選挙は、その心理を見事に体現しているんですね。

佐藤 だから、公約を守らない政治家がいても、当選回数が多い人だと簡単には落ちなくなります。それはどういうことかというと、そういう人を選んでいた、あるいはそういう人の後援会活動をやっていた自分が情けなくなるからなんです。

井戸 ただ、「自分の信頼が裏切られた」とハッキリ認識されたときは怖いですよね。

佐藤 選挙を通じて民意が回収できなくなったときには、テロリズムが起きる危険性があります。この国は、伝統としてテロはしょっちゅうありましたからね。新撰組とか、みんな幕末物が好きですが、あれはテロリストたちの集団の争いです。彼らは恐怖によって支配していたわけですから。

井戸 赤穂浪士もそうですか?

『新訳 君主論』
マキアヴェリ
（中公文庫BIBLIO）

『クーデターの技術』
クルツィオ・マラパルテ
（中公選書）

佐藤　テロリストですよ。そもそも選挙というのは、日本の文化や政治風土にどこかマッチしないところがあるんです。

井戸　それは感じますね。選挙って、武器や刃物こそ使わないものの、やっていることは合法的な戦争なんです。

佐藤　そうですね。そして時には非合法なことも出てきます。

井戸　先ほど「裁判所」のところで訴訟を起こしたといいましたが、私がネットで受けた誹謗中傷もそうです。「政治生命」といいますが、選挙はある意味で暴力なんですよ。敵を蹴落とすわけなので。

佐藤　その意味においては、日本の政治家というのは、マキアヴェリの『君主論』を読んでも、リアルな感覚をもたないでしょう。関心をもって読んでいる人は少ない。ましてや、マラパルテの『クーデターの技術』なんかになると、誰も読んでいない。でも、このへんの権力を奪取する技法のものは、ヨーロッパの政治家はみんな読んで勉強しています。

【一票の格差】

❖なぜ人にはいろいろ差があるのに、票だけは「一人一票」なのか？

井戸　選挙でいつも問題になるのは、「一票の格差」についてです。「三権分立」のところでも触れましたが、選挙のあとにはいつも違憲訴訟が起こされて、実際に「違憲」の判決も出ています。

教科書では、一票の価値について説明していますね。

選挙権は、民主主義を支える大切な権利です。みなさんの投じる1票は、自分の思いを伝える大切な1票であり、もし、投票をしなければ、一部の人の考えだけで政治が行われることになります。

一票の格差についての説明［小学校の教科書］

選挙管理委員会の人の話

納税額《のうぜいがく》や性別に関わりなく，20さい以上のだれもが選挙権《せんきょけん》をもてるようになったのは，第二次世界大戦《だいにじせかいたいせん》が終わってからです。選挙権は，民主主義を支える大切な権利です。みなさんの投じる1票は，自分の思いを伝える大切な1票であり，もし，投票をしなければ，一部の人の考えだけで政治が行われることになります。

選挙のときには，選挙公報を読むなどして，立候補している人や，その人が所属する党《とう》の考えを知り，十分に検討《けんとう》して，自分たちの代表としてふさわしい人を選ぶことが大切です。

（光村図書『社会6』164ページ）

佐藤　一票の格差の問題では、最高裁が現在の区割りは違憲状態であるという判決を出して、区割りが変更されました。しかし、「地区ごとで一人あたりの票数が平等という形が本当に正しいのか」「一票の格差を近づけることが本当に平等なのか」という視点も考えたいところです。

井戸　「格差がゼロならば平等」というのとは違う考え方があるのですか？

佐藤　あるんです。この考え方の前提にあるのは、一人ひとりがバラバラで個人主義的だという、合理主義的な発想です。そうすると、競争に強い者だけが得をしてしまう。アファーマティブ・アクション（積極的格差是正策）を否定することになるわけです。選挙でいうと、都会に有利になります。

たとえば、沖縄の米軍基地の固定化などという問題は、一票の格差をゼロにしていったら、永久に変わらないわけです。

原発の問題だって同じですね。

ロシアでは、自治管区や少数民族が住んでいるところは、数万人しかいない少数民族でも、自分たちの代表を出せるようになっています。投票の中にアファーマティブ・アクションがあっても構わないという考え方をしているわけです。

井戸 日本でも、都市の論理で話が進んでしまうということですね。

佐藤 そうです。いまのように都市に一極化して都市のほうが豊かだということになると、その市場メカニズムがそのまま政治にも反映されてしまいます。それが本当に平等なのかどうか。ここで非常に難しいのは、「何をもって正義・公正とするのか」というマイケル・サンデル教授がずっと議論しているような部分ですね。

井戸 なるほど。それはそれで一理あるように思います。

佐藤 とくに、いまの小選挙区制などにはそれが顕著に出ています。そこでは、一人ひとりがみんな「同じもの」として扱われます。お金持ちでもお金がなくても、教育を受けていても受けていなくても、みんなもっているのは一票。それが平等ということであり、その中で選挙をすることになっています。

井戸　そうですね。原則、一人一票。格差が広がれば、憲法違反とされます。

❖日本のアナーキストたちは普通選挙に反対した

佐藤　でも考えてみると、経済活動だってもともと「機会」さえ一人ひとり平等なら、その平等の下で競争し、「結果」として勝った人は何の問題もないというモデルでしょう。競争に強い人が得をするわけです。にもかかわらず、選挙だけは全員が完全に平等に一票というモデルでやって、本当に民意を代表できるのでしょうか。

井戸　たしかに、一人一票に関しては、「機会の平等」で見ても「結果の平等」で見ても、まったく例外を許さないというのがいまの普通選挙です。

佐藤　かつて日本で男子普通選挙を導入するかという議論で、大杉栄などのアナーキスト（無政府主義者）たちは反対したんです。

井戸　それはどういうことですか。アナーキストにとっては、制限選挙より普通選挙のほうが有利になるように思えますが。

佐藤　アナーキストは、普通選挙になっても金持ちが貧乏人を買収することになるだけで、選挙で民意が反映されることはないと考えました。ところで、制限選挙の発想は、納税している人に選挙権があるということですね。これは、人間の能力はみんな一緒で、平等なところからスタートして競争していくという、市民社会の発想からきています。

市民社会では、国民は自らの欲望に応じて活動します。その中で能力があって勤勉な人は、成功してお金を蓄えることができる。お金を蓄えることができるなら、それだけ能力があって、教養があって、責任感もあるだろうというとらえ方です。だから、そういう能力のある人たち、つまり有産階級（ブルジョワジー）の市民層だけが政治的な判断ができるという発想から、制限選挙になるわけです。

佐藤優の深掘り講義⑬

アナーキズムには2種類ある

ここで、アナーキズムには2種類あることも説明しておきます。ここでは仮にA・

『大杉栄訳 ファーブル昆虫記』
ジャン=アンリ・ファーブル
（明石書店）

Bとしましょう。

Aのほうは、人間というのは弱肉強食で、最後は強い者が勝つ宿命にあるという考えです。歴史的には、ドイツの哲学者のマックス・シュティルナー、あるいはニーチェの考え方です。徹底した破壊思想になりますが、同時に弱い人間が強い人間に従うという形で独裁制への道を開く可能性があります。

一方のアナーキズムのBは、ロシアの思想家クロポトキンなどの考え方で、人間は放っておいてもみんなで協力する性質があるというものです。

話が飛ぶようですが、じつは『ファーブル昆虫記』を最初に日本語に訳したのは、大杉栄なんです。大杉栄のアナーキズムはBです。

昆虫の社会には、国家はないけれども秩序が維持されている。そういうものがもともと埋め込まれているわけです。だったら、昆虫でできることが人間にできないはずはない。国家というのは人から何かを収奪するモデルだから、アナーキストたちは昆虫の社会に非常に関心をもったのです。

❖お金をもつ者が選挙で当選する理由

佐藤　ある時期までは、「市民社会」と「政治の論理」というのはパラレルに進んでいました。そこには市民社会の常識があって、教養ともリンクしていました。ところが、この市民社会の論理で普通選挙を行うとどうなるか。先ほども述べましたが、市民社会は「欲望の王国」だから、いろいろな手段を駆使して「普通」の有権者の票を「買う」ことになります。結局のところ、制限選挙とほとんど変わらないような「カネをもっている人間が権力を握る」という構図になるんです。

井戸　なるほど。「選挙では市民社会の欲望を何らかの形で買う」という説明は、実際に選挙を戦っている者として、かなりリアルに響きますね。

佐藤　だから、原点に立ち返ると、普通選挙が導入されるとき、アナーキストをはじめとして世界的にものすごく批判が強かったのは、市民社会の論理で選挙をする以上は、最終的には「金持ちの代表」しか出てこられない、つまり最後は金権選挙になるということです。お金をもっている者、権力のある者が選ばれることになってしまうんです。

井戸　そう考えると、民主的な選挙というのはものすごく難しいですね。選挙に出た私の素直な実感とも重なります。すごくいろいろ考えている人も、失礼ながらそうでない人も、有権者なら同じ一票なわけです。税金をたくさん納めている人と、そうでない人もいるわけで。

佐藤　かつての「制限選挙」は、そういうことだったんですね。生活保護を受けると選挙権がなくなることもありました。いまでもそういう国はあります。

だから、ひとつはアトム（原子）的人間観というところから見ないといけない。なぜ一人は一票をもっているのか。人間の能力はそれぞれ違う。適性も違う。ジェンダーが違うし、趣味も寿命も違う。人間には差異があるのに、一人一票という数値的な形で還元することが正しいのかということです。

井戸　でもそうすると、普通選挙はよくないということになってしまうのでしょうか。

佐藤　普通選挙には、問題がものすごくあります。理想的な制度と思ってはいけません。ただ、いまのところ、それよりもましな制度が見出されていないということなんです。だから、この制度とうまく付き合っていかなければいけないわけです。
アナーキストたちの問題提起は、選挙制度を根本から考えるところで、いまでもものすごく重い話ですね。

❖なぜイギリスには、いまでも貴族院があるのか？

佐藤　普通選挙の制度の問題は、じつは結論が出ない話なのですが、そのあたりのバランスをとるために、イギリスには究極の非民主的な制度があります。貴族院（上院）です。

井戸　イギリスの貴族院は、世襲あるいは一代限りの貴族で構成されます。庶民院（下院）で可決された法案は、貴族院で否決されたとしても、庶民院の決議が採択されるんですよね。

佐藤　それでも、やはり貴族院での審議内容はそれなりに下院に反映されます。そういう文化が出てくるんです。イギリスは民主主義の先進国であるように思われていますが、じつは平等ではない、いわゆる非民主的と思われる貴族院があるんです。

井戸　通常だったら廃止だと思うんですが、それを「社会の知恵」として残しているわけですね。

佐藤　「合理性となじまないシステムが、なぜ採用されているのか」ということを考えないといけないと思います。

結局、「選挙」で何を考えなければいけないかというと、いま我々は危機的な状況の中にいるということなんです。投票率の低さ、候補者の質もそうですが、選挙制度、情報についてもいろいろ問題があるわけですね。

裏の社会科

【世襲議員】

❖世襲議員は世界的にも増えている

井戸　選挙には「裏」のテーマがいろいろあると思いますが、まずは世襲議員の問題があります。建前上は、世襲でもそうでなくても選挙では関係ないはずですが、実際にはまったく違います。まさに選挙の「裏」の部分です。

佐藤　「権力の世襲はけしからん」といいますが、実際には世界的にも世襲議員は増えているんです。日本でも、現実的に世襲議員は有利ですね。

　たとえば、小泉進次郎議員はどういう点で有利かというと、彼は当選1回目から外交、安全保障、難しい経済政策など、天下国家の問題に取り組めるんです。それは選挙区の心配がないからです。

井戸　世襲議員が有利だというのは、本当に実感します。小泉進次郎さんや小渕優子さんは、私たちとは環境が全然違いますから。

佐藤　当選後に選挙区のケアをしなければいけないというのは、大変なハンディですよ。昔、田中派の連中はみんな「当選3回までは当選することだけが仕事だ」といっていましたが、ある意味それは真理ですね。そこの基盤が安定していない限り、継続的な政治活動などできませんから。その点、世襲議員というのは最初から継続的な政治活動が保障されているわけです。

井戸　だから、党の中で本当にいいたいことをいえるのは、やっぱり世襲議員だったりしますよね。たとえば、選挙区は引き継いでいないので厳密には世襲ではありませんが、兵庫の石井登志郎さん（元民主党衆議院議員）も、石井一さん（国土庁長官、自治大臣、国家公安委員会委員長、民主党副代表などを歴任）という後ろ盾があるからこそ

『日本の政治』
京極純一
（東京大学出版会）

『独裁者のためのハンドブック』
ブルース・ブエノ・デ・メスキータ
／アラスター・スミス
（亜紀書房）

率直に物がいえるという側面も、いい意味であります。二世は二世で大変な部分もあるでしょうが、うらやましく思う場面がたびたびありました。

佐藤　そういう不公平をなくすために、イギリスでは世襲が起きない仕組みになっているんです。親と同じ選挙区から出られないんですよ。どの選挙区から出るかは党が決めます。

井戸　そうなんですね。

佐藤　このテーマについては、よく描かれている本があります。難しい本なら京極純一さんの**『日本の政治』**、やさしい本なら、先ほども紹介した小牧ひろしさんの『代議士は毎日何をしているのか』がおすすめです。

　世襲議員が増える構造に関しては、**『独裁者のためのハンドブック』**が面白いですね。独裁の構造というのは、じつは民主主義と同じであると書かれています。権力の本質を見抜くのにとてもよい本です。独裁とは対極にあるアメリカやヨーロッパの民主主義国でも、少し形を変えただけで「独裁の技法」が用いられているという主張は、正しいと思いますね。

棄権

❖「選挙に行かない」という自由もある

井戸　政治への不信感が広がる中、投票率の低下が問題になり、地方選挙ではより深刻です。教科書を見ても、投票率が低いことに関して考えさせるページを本文とは別に設けているものもありますね。「選挙に行かなくてはいけない」というインセンティブが不足しているのかもしれませんが、投票率が低いことに関してはいかがでしょうか。

佐藤　あえて逆説的なことをいうと、私たち国民には、選挙において「棄権の自由」があるということです。

井戸　「棄権の自由」ですか。それは目からウロコの視点です。

佐藤　近代的な自由権でいちばん重要なのは、じつは「表現の自由」ではなく、「考えていることを言わなくていい自由」、つまり「内心の自由」なんです。私はソ連にいたので、それをとても感じます。

井戸 投票率が低いのは問題と思ってきましたが、閉鎖された地域で投票率が高いというのは、監視されて息苦しい社会である可能性もあるわけですね。

佐藤 ええ。選挙のとき、テレビや新聞が出口調査をやっていますが、あれは近代的な自由権に反する可能性がありますよね。誰に投票するか、秘匿していいところに意味があるからです。内心の自由の根源にかかわります。

選挙に行かなければいけないというのは、体制を維持していく発想から出てくるものです。自由主義の原則からいうと、本当は選挙に行かない自由、すなわち「棄権の自由」が最も重要になるんです。

このパラダイムをマスメディアにもっていけば、マスメディアで最も重要な概念は、「表現の自由」ではない、「表現しないことの自由」なんです。言いたくないことについては言わなくていい自由、内心についてはロ外しなくてもいい自由が、じつは近代的な自由権の根本になるのです。

❖投票率が9割だった旧ソ連の選挙

井戸　いわれてみると、投票率の高い国が民主的かというとそうではないですね。

佐藤　はい、むしろ民主的でないことも多いですね。小選挙区制で投票率が99・9％以上に達していた国は結構あります。ソ連、北朝鮮、アルバニアなどがそうです。数年前にも北朝鮮で、最高人民会議の代議員選挙がありましたが、投票率は99・98％で、100％で信任されているわけです。

井戸　普通なら考えられない結果です。閉鎖された地域で投票率が高いというのは、それだけ監視されて息苦しい社会である可能性もあるわけですね。

佐藤　そういうことです。たとえばソ連では、選挙の日になると屋台が出ました。子どもが行くと、綿菓子をもらえたり、オレンジをもらえたりする。子どもはそれを目当てに、親に「選挙に行こうよ」とねだります。

投票所に行くと、小選挙区制で候補者は1人だけ。投票用紙にあらかじめ名前が刷ってあって、その候補に賛成の場合はそのまま、反対の場合は×をつけて入れる

次に，年齢別の投票率から考えてみました。

20才代の投票率が，
他の年代に比べて特に低いよ。
政治に参加する権利を
使っていないことになるね。

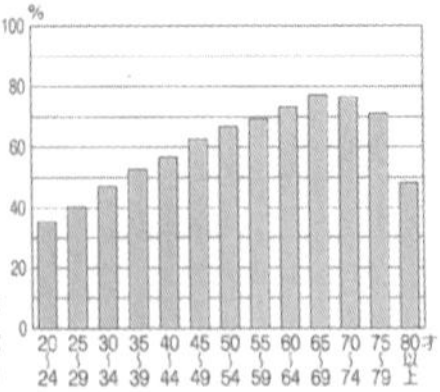

➲図 年齢別の投票率（2012年の衆議院議員選挙／標準的な投票率の地区を選んだものの平均）

●投票に対する人々の意識から考える

投票に行った理由，行かなかった理由を調べた調査をもとに考えてみました。

投票日に投票所に
行けない人のための
制度があることは，
前に学習したね。

●投票に行った理由（多かったもの）

・投票することは国民の義務だと思うから。
・政治をよくするためには，投票することが大事だから。
・今の政治がよくないので，それを改めたいと思ったから。

●投票に行かなかった理由（多かったもの）

・用事があったから。
・選挙に興味がないから。
・投票しても何も変わらないから。

（明るい選挙推進《すいしん》協会調べ）

●外国の選挙制度から考える

選挙制度は，国によってちがいます。外国の制度を調べてみました。

日本より若《わか》い年齢から，国民が政治に
参加している国がたくさんあるんだね。

●選挙権をもつ年齢

16才（オーストリア，キューバなど）
18才（アメリカ，イギリス，中国《ちゅうごく》，ドイツ，ロシアなど多数）
19才（韓国《かんこく》）
20才（カメルーン，バーレーンなど）
25才（アラブ首長国連邦《しゅちょうこくれんぽう》）

●議員に立候補《りっこうほ》できる年齢

18才（オーストラリア，イギリス，ドイツなど）
25才（アメリカ，イタリア，韓国など）
30才（エジプト，クウェート，トルコなど）

●投票を憲法や法律《ほうりつ》で義務づけている国

オーストラリア，シンガポール，スイス，トルコ，ブラジルなど（投票に行かないと罰金《ばっきん》をとられる国もあります。）

ぼくたちは，これからどのように
政治に参加していけばよいか，
考えていこう。

37

（教育出版『小学社会6下』36〜37ページ）

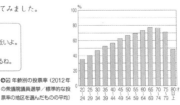

選挙と投票についての説明［小学校の教科書］

深める　政治への参加について話し合おう

わたしたちは，これまで，政治と暮《く》らしのつながりや日本国憲法《にほんこくけんぽう》《にっぽんこく》について学習してきて，日本は，政治の進め方を決める権利《けんり》を国民がもっている「国民主権」の国であることがわかりました。国民は，選挙を通して国民の代表である国会議員を選ぶことで，国の政治に参加しています。

しかし，こうした国民の権利が十分に生かされていない状況《じょうきょう》もあるようです。わたしたちは，さらに資料を読み取りながら，国民の政治への参加について話し合いました。

●投票率の変化や年齢《ねんれい》によるちがいから考える

投票率はどのように変化してきたのか，グラフを見て話し合いました。

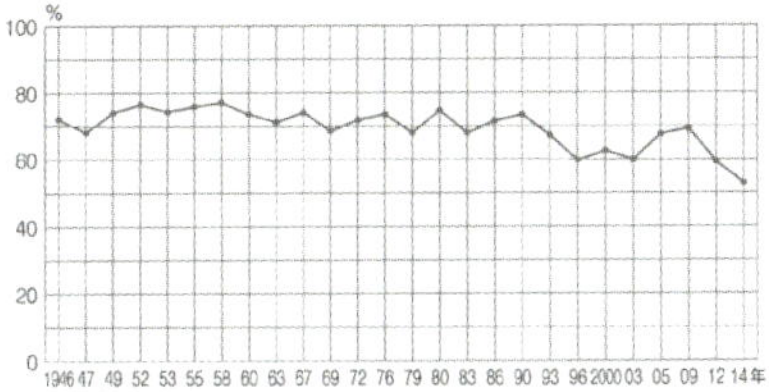

衆議院《しゅうぎいん》議員選挙の投票率

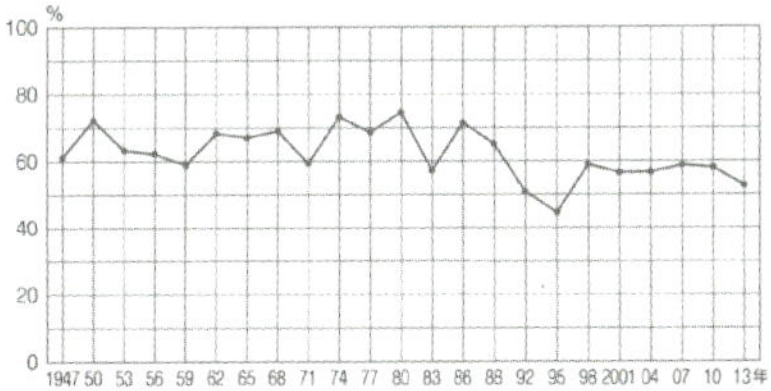

参議院《さんぎいん》議員選挙の投票率

考えるてがかり

■このような状態が続くと，将来《しょうらい》，どんな問題が起こるだろう。

36

んです。

井戸 先ほど話題になった、最高裁の判事の国民審査と同じですね。

佐藤 そうなんです。それでソ連の場合は、投票箱はすぐ横にあって、10メートルくらい離れたところにボックスがあった。そこはカーテンで仕切ってあって、×はボックスのほうに行ってつけるようになっていた。

井戸 ボックスまで行く人は×を書くとわかってしまうということですか？ 怖くてできませんね。

佐藤 選挙管理委員の中には秘密警察もいるんです。それでも1％程度は反対票があったわけだから、×を投じる人もいたんですけどね。

井戸 ×をつけた人はあとから呼ばれるのですか？

佐藤 当局によって、チェックされていたでしょう。だから、事実上の秘密投票が担保されていなかったということです。

井戸 投票率が高くても何の意味もない。

佐藤 そう。政治的な自由権の基本は、じつは「自分が政治的に考えていることは言わなくてもいい」「選挙に行かなくていい」ということなんです。どうも最近、参政権が強調されるがために、いちばん根っこの自由権が消えつつある感じがしますね。

井戸　佐藤さんご自身も、選挙には行かなくてもいいという考えですか？

佐藤　時にはそういう判断も必要だと思います。たとえば、橋下徹さんが、自ら掲げる大阪都構想を進めるために、大阪市長を任期途中でいったん辞職して、「民意を問う」といって選挙をしたことがありましたね。

井戸　誰が考えてもひどい理屈で、政党からは対立候補が出ませんでした。

佐藤　このように民主主義の原理原則をバカにしているような選挙の場合には、選挙に行かない、投票率を落とすことによって、正当性をなくすという意思表示の仕方もあるわけです。そういうやり方に対しても、選挙は開かれていないといけません。「選挙に行かなくてもいい自由」というのは、意外と重要なんです。

井戸　なるほど、そう考えれば、「棄権も権利のうち」というのは理解できますね。

佐藤　もしも選挙に来てほしいなら、政治に対する期待を高めるようなことをすればいいんです。そうすれば、みんな自ずと選挙に行くようになりますから。

❖選挙は「積極的自由」と「消極的自由」をつないでいる

佐藤　アイザイア・バーリンというイギリスの哲学者が提唱した概念に、「積極的自由」と「消極的自由」があります。自由にはこの2つがあるというんです。「消極的自由」は、他者から心の中で思っていることを表現するのを強要されないこと、あるいは職業を自分で自由に選択できることをいいます。その部分は国家の干渉を受けない、あるいは外部からの干渉を逃れるということです。そして選挙においていちばん重要なのは、「棄権の自由」が担保されていることだと考えます。自分の内心を表明しない自由があるというわけです。

井戸　「思っていることを全部言え」といわれたら、たしかにつらい社会になりますよね。まるで取り調べで自白を強要されるような居心地の悪い気分になります。

佐藤　それに対して「積極的自由」というのは、自分の意思を表現したり実現できたりするような社会的な環境を整えることです。たとえば、日々の生活に追われていたら、本を読む余裕などはなくなってきますね。そうならないように、ミニマムな生活水準は国家が保障して、それで真の自由が確保されるということです。国家がすべての人に職業を見つけるとか。ただ、これは行き過ぎるとナチズムや共産主義のような全体主義になってきます。

井戸　積極的自由の考え方で選挙をすると、どうなるのですか?

佐藤　積極的自由の立場からは、選挙は何よりも重要で、自分たちの権利をそこに委譲するわけだから、「絶対に行くべきだ」ということになります。だから、投票率が低くなってきたとき、選挙に行かない者には罰則を設けるという発想になる。行かない人は意識が低く、自分の権利を行使できていない。そのチャンスを与えてやるのが選挙だという理論です。

井戸　選挙というのは、その2つの自由の中間をつないでいる非常に重要なところというわけですね。ただ、立候補をした者の立場からすれば、やはりひとりでも多くの人に投票してほしいところです。

佐藤　なぜ選挙に行かなければいけないかというと、権力の恣意的な動きを阻止するために、選挙以上にいい方法がまだ見つかっていないからなんです。最近だったら、少なくとも民主党が政権をとり、政権交代を1回やることができたわけだから、それは大きなことだったと思います。

井戸　あのときは、「自分が投じた一票によって政治を変えた」という実感を、たしかに多くの人がもったと思うんです。でも、選挙って投票日一日の話ではないんですよね。投票行動をしてそれで責任を果たして終わりというわけではないんです。むしろ、一票を入れたその日から選挙が始まるんです。

自分が投票した政党、候補者をその後も支え、もちろん時には苦言も呈する。選挙に行ってその後はそっぽを向くということではなく、政党、候補者を「育てる」という気持ちを持ち続けていただきたいと思うんです。それこそが民主主義なのではないでしょうか。

佐藤さん、今回もありがとうございました。

第7章 「選挙」の基礎知識のまとめ

表の社会科

62 「何をやってきたか」という**「実績」よりも、**「何をやってくれそうか」という**「期待感」で人は投票しがち。**

63 選挙では「自分が社会のどの部分にいるか」を考え、**自分の利益に合致する人（「部分の代表」）を選んで、投票すればいい。**

64 **政治は言葉の芸術。**候補者が、政策や訴えをどう言語化しているかに注目する。

65 **小選挙区制は、いまの体制を維持するための制度。**一度、選挙に勝ってしまえば、これほどいい制度はない。

66 経済活動では、「機会」が平等なら、「結果」として競争に勝った人は何の問題もないのに、「一人一票」に関しては、**まったく例外を許さないのが、いまの普通選挙。**

67 **普通選挙は理想的な制度ではないが、**それよりましな制度が見つからないので、うまく付き合うしかない。

裏の社会科

68 「権力の世襲はけしからん」というものの、**世襲議員は世界的に増えている。**

69 世襲議員は選挙区の心配が不要なので**当選1回目から天下国家の問題に取り組め、**有利なのは事実。

70 近代的な自由権でいちばん重要なのは「表現の自由」ではなく**「考えていることを言わなくていい自由」（内心の自由）。**選挙では**「棄権の自由」「選挙に行かなくていい自由」**もある。

おわりに

佐藤優先生との共著『子どもの教養の育て方』（東洋経済新報社）を2012年に刊行したあと、次は「大人の教養」をテーマにした本を出そうという話になりました。そのとき佐藤さんから出たのは、意外な一言でした。

「大人の教養を育てる最も効率的な勉強法は、小学校の教科書をめくることです」

その瞬間、「やられた！」と思いました。なぜなら5人の子育てを通して、私も同じことを痛感していたからです。

薄っぺらなのに骨太。意外にも強敵。それが小学校の教科書です。ワンコイン（500円）どころか、6年生の社会科の下巻なら200円台で税金もかかりません。パラパラとめくれば、30分ほどで全体像がつかめるようなボリュームです。

子育て中、記憶の彼方に消え去っていた知識を必死に呼び戻し、子どもにしたり顔で教えたはずでした。一度ならず5回もおさらいしたはずなのに、読んだことすら記憶にない項目も……。もうすぐ50歳になろうとする私は、まだこの教科書を「もの」にできていない。それを佐藤さんに見抜かれた気がしました。

対談で教科書を読みはじめて、気づいたことがあります。佐藤さんは教科書をつくっている人たちの「意図」や「思惑」、時に「逃げ」までも、しっかりとキャッチしながら読んでいるのです。

「逃げ」の先には「裏」があります。教科書には載らない「裏の社会科」こそ大人には必要——佐藤さんは小学校の教科書も、「大人の読み方」まさに著書のタイトルどおり「読書の技法」を駆使しながら読み解いていきます。本書を最後まで読んでくださった読者なら、教科書には書かれていない社会の仕組みが明らかになっていくのを知ったことでしょう。それこそが、本書の醍醐味のひとつです。

私には、小学校の教科書がいかに大事かと思い至った体験がもうひとつあります。

民主党は2009年に政権交代を果たしたものの、そのたった8か月後に行われた参議院選挙で敗北。以来、「ねじれ国会」の状態になり、ほとんど身動きがとれなくなってしまいました。

「ねじれ」は政策決定過程を複雑にします。政策をマニフェストで掲げたとおりに実現できる可能性は低くなり、時に妥協もせざるを得なくなります。しかも、アウトプットまでに時間がかかります。

これは国民自身が選挙を通して決めたことですが、多くの人はそれに気づかず、政権交代直後と同じような成果を政権に求めつづけました。私は当時、現職の国会議員として、その現実に少なからずショックを受ける場面がたびたびありました。

ミニ集会などで、議院内閣制や二院制のメリットとデメリット、小選挙区制度などについて、諸外国の例もあげながら説明すると、「なるほど。でもそんなこと誰も教えてくれなかった」という声がどの会場でも上がりました。

「小学校の教科書に載っていますよ」というと、「私たちの時代は習わなかった」と反論されることもありました。たしかに30年前、40年前の教科書には、今回使った教科書のようなわかりやすい解説がなかったかもしれません。いまの教科書は力ラーになり、写真や資料も多用され、本当によくできています。

大人の世代も、この教科書を使って「政治の仕組み」を復習することで、現在起きている事象を自分なりの視点をもって読み解け、さらには行動できるようになるのではないでしょうか。

また小学校の教科書を読むことは、政治家にもおおすめしたいと思っています。政治家は「政治のプロ」と思われがちですが、じつは選挙で当選しただけで、議員として活動するのに必要で十分な知識を備えているか否かは未知数、別問題です。にもかかわらず、当選した日から「先生」として振る舞わなければなりません。「知らない」という言葉は、一般有権者よりもずっといいにくい立場になります。

準備不足のまま当選してくる議員が少なからずいることは、地方議会、国会と経験してみて痛感してきたことでもあります。

セクハラ発言や政務活動費の不正支出等が問題となった彼らとて、もし一度でも小学校の教科書をおさらいしていたら、真摯な気持ちを思い起こさせるという意味でも、対応が違ったかもしれません。

本書の原稿をまとめるにあたっては、前作に続いて今回も、フリー編集者の鈴木充さん、ライターの高橋扶美さんにお世話になりました。加えて、ブックデザインを担当してくださったのがデザイナーの上田宏志さんだと知り、本当に驚きました。妹さんの上田未知子さんは、私が東京女子大学在学中に大変お世話になった先輩だったからです。不思議で素敵なご縁をつなげてくださった東洋経済新報社の担当編集者、中里有吾さんにも感謝したいと思います。

最後に、本当にお忙しい中、時間を割いて対談を引き受けてくださった佐藤優先生、そして、どんなときでもいつも笑顔でお迎えいただき、励ましてくださる佐藤さんのご家族にも、心からお礼を申し上げます。

2015年11月　東京都大田区蒲田にて　井戸まさえ

特別付録❶

本書に登場する書籍リスト

小学6年生の教科書

『小学社会6下』教育出版
『新編新しい社会6年下』東京書籍
『小学社会6年下』日本文教出版
『社会6』光村図書

本書で言及した書籍一覧

序章

佐藤優／井戸まさえ『子どもの教養の育て方』東洋経済新報社、2012年

佐藤優『読書の技法』東洋経済新報社、2012年
『詳説政治・経済』山川出版社、2015年
ウィトゲンシュタイン『論理哲学論考』（野矢茂樹・訳）岩波文庫、2003年
ロバート・N・プロクター『健康帝国ナチス』（宮崎尊・訳）草思社文庫、2015年
ホルクハイマー／アドルノ『啓蒙の弁証法』（徳永恂・訳）岩波文庫、2007年

第1章

小牧ひろし『代議士は毎日何をしているのか』草思社、1983年

第2章

長妻昭『招かれざる大臣』朝日新書、2011年
カール・マルクス『資本論』全9巻（エンゲルス・編／向坂逸郎・訳）岩波文庫、1969〜1970年
カール・マルクス『ルイ・ボナパルトのブリュメール18日［初版］』平凡社ライブラリー、2008年

第3章

三浦和義『弁護士いらず』太田出版、2003年
『救援ノート』救援連絡センター、2011年（第9改訂版）
反弾圧・反権力連絡会議（編）『権力と闘うための法律知識』三一新書、1979年

第4章

オットー・ケルロイター『ナチス・ドイツ憲法論』（矢部貞治／田川博三・訳）岩波書店、1939年
木村草太『テレビが伝えない憲法の話』PHP新書、2014年
奥平康弘／木村草太『未完の憲法』潮出版社、2014年
佐藤功『日本国憲法概説』学陽書房、1974年（全訂新版）
伊藤憲一『新・戦争論』新潮新書、2007年
池上彰『池上彰の憲法入門』ちくまプリマー新書、2013年

第5章

モンテスキュー『法の精神』全3巻（野田良之／稲本洋之助／上原行雄／田中治男／三辺博之／横田地弘・訳）岩波文庫、1989年
吉川洋『デフレーション』日本経済新聞出版社、2013年

第6章

副島隆彦『税金官僚から逃がせ隠せ個人資産』幻冬舎、2013年
上智大学中世思想研究所／竹下政孝（編訳・監修）『中世思想原典集成11 イスラーム哲学』平凡社、2000年
柄谷行人『世界共和国へ』岩波新書、2006年
柄谷行人『世界史の構造』岩波現代文庫、2015年

第7章

ニクラス・ルーマン『信頼』（大庭健／正村俊之・訳）勁草書房、1990年

マキアヴェリ『新訳 君主論』（池田廉・訳）中公文庫BIBLIO、2002年

クルツィオ・マラパルテ『クーデターの技術』（手塚和彰／鈴木純・訳）中公選書、2015年

ジャン＝アンリ・ファーブル『大杉栄訳 ファーブル昆虫記』（小原秀雄・解説）明石書店、2005年

京極純一『日本の政治』東京大学出版会、1983年

ブルース・ブエノ・デ・メスキータ／アラスター・スミス『独裁者のためのハンドブック』（四本健二／浅野宜之・訳）亜紀書房、2013年

【特別付録❷】これだけは知っておきたい基礎知識70を総まとめ！

序章のまとめ

01
土台となる**基礎知識に欠損**があると、いくら本を読んだり専門家の話を聞いたりしても、知識が積み上がっていかない。

02
「知識の欠損部分」は、**高校レベルよりもっと前の、小学校・中学校レベルにある**ことも多い。「欠損」を認め、早く埋めた人が最終的には得をする。

03
「正しい知識を正しい方法で身につける」ことが大事。たとえば歴史小説は娯楽で読むもので、「歴史小説で日本史を勉強する」のは大間違い。

04
教科書は、**現代におけるひとつの「知の型」**。まずは教科書で「知の型」を身につける。

05
「型破り」と「でたらめ」は違う。「型破り」は「型」を知っていて、はじめてできること。

06
中学・高校の教科書は、情報量が多い分、読みにくい。小学校の教科書は、**知識の総量は限られるが、エッセンスが詰まっていて**わかりやすい。

07

小学校の教科書も、中学・高校の教科書も、**書かれている内容自体は大きくは違わない**。ただし本当に難しい内容には、あえてどの教科書も踏み込まず、大学以上に先送りしている。

08

教科書は基本的に「性善説」でつくられているので、**「表のこと」しか書かれていない**。世の中で起きていることを読み取るには、**「裏の社会科」**も必要。

09

ただし、「表の社会科」と「裏の社会科」は、「5対5」ではなく**「8対2」くらいのバランスで学んでいく**のがちょうどいい。

第1章 「国会」の基礎知識のまとめ

表の社会科

10

国会の主な仕事は**「法律をつくること」**と**「国の予算を決めること」**の2つ。

11

法律や予算を決めるのは**「国民によって異なる利害を調整する作業」**。その権限が国会に与えられている。

12

法律は人間がつくったものなので、**必ず落とし穴がある**。それを埋める努力をするのが政治家の仕事（国会議員は法律のプロであるべき）。

13

予算には限りがあり、それを**分配する場所が国会**。国の予算は政府によって毎年編成され、国会で承認される（毎年8月末に、各省庁が概算要求を提出）。

14

政権が代われば、予算の配分も大きく変わる。**予算案に賛成か反対か**が与野党を区別する重要なポイント。野党は基本的に予算案に反対する。

表の社会科

19 「国家」と「社会」は本来別物だが、内閣はその両方が重なる、本来矛盾した場所。政党は「社会」に属し、国家機関ではない。

20 「社会」に属する政党が与党になったとたん、「国家」と「社会」の板ばさみになる。野党は「社会の代表」として機能していればいいのでラク。

21 内閣総理大臣は「政党のトップ（社会の代表）」であると同時に「官僚の長（国家の代表）」でもある。

22 アメリカ、ロシア、フランスの大統領は、選挙で選ばれる「王様」。日本の内閣総理大臣は、国務大臣の中における「チェアマン（議長）」。

裏の社会科

15 国会議員は「国民の代表」と教科書には書いてあるが、国民の利害は人や世代によって異なる。

16 政党は「ポリティカル・パーティ」つまり「部分の代表」。「『部分の代表』ではなく『全体の代表』だ」という政治家は、ウソかごまかしのいずれか。

17 民主党政権の失敗は、本来は「部分の代表」なのに「全体の代表」と思い込んでしまったこと。

18 日本の政党は政権をとると、「全体の代表」になろうとして、どの政党も似てくる。国民が自分にとって「部分の代表」を選べない状況になっている。

23 「王様」は簡単に廃位できないが、「チェアマン」は変更できるので、**日本の総理大臣はころころ代わる。**

裏の社会科

24 教科書には「国民は政治的関心をもち、選挙に行こう」と書いてあるが、それは本来の市民社会の論理ではない。**国民は本来、政治をやらずに「欲望」を追求する。**だから、代議制がとられている。

25 政治の目標は、逆説的だが**「国民が政治について考えずにすむ世の中にすること」**。

26 政治でいちばん大事なのは**平和の維持**。政治はハンドリングを間違えると戦争になる。

27 カネには暴力性があり、権力はたいていカネに換算できる。だから**「政治とカネの世界を分ける」**のが大切。

第3章 「裁判所」の基礎知識のまとめ

表の社会科

28 裁判は大きく分けると、**民事裁判**（争いごと）、**刑事裁判**（犯罪）、**行政裁判**（行政による国民の権利侵害）の3つがある。

29 **「大陸法」と「英米法」では考え方が異なり**、その関係で裁判にも2通りのスタイルがある。

30 英米の裁判は、大幅な司法取引があり、**「折り合いをつける」**という発想。ドイツ、フランスの裁判は、**「国家が正しくないことを裁く」**という発想で、起訴は少ないが、有罪率は非常に高い。

31 最高裁判所の判事の中には、司法試験に受かっていない人もいるのが現状。**国民審査は「○」をつけさせて**

過半数の信任を得るスタイルにするべき。

32 憲法に明記されている国民の義務は「**教育の義務**」「**勤労の権利及び義務**」「**納税の義務**」の3つだけ。

33 憲法に書かれていること以外を国家が公権力を使って義務化する**裁判員制度は、法理としておかしい**。

裏の社会科

34 「**弁護士は歯医者と同じ**」と考える。技術職なので、学歴や学位より、スキルが重要。心臓外科医や税理士も同じ。

35 自分に合った腕のいい弁護士を選ぶには、**経験者に聴き込む**しか、いい方法はない。

36 逮捕されたとき、**完全黙秘すると検察の心証がものすごく悪くなる**。少なくとも特捜部に逮捕されたときは危険。

表の社会科

37 憲法は「**権力を抑えるためのもの**」。「国民が国家を抑える」というのが近代憲法の考え方。

38 憲法は「**国家を成り立たせるためのもの**」でもある。「国体」と憲法は連続している。

39 イギリスやイスラエルに成文憲法がないのは、「目に見えないけれども確実に存在する」という「実念論」の影響。**日本の憲法も「実念論」に近い**。

40 日本国憲法の三大基本原則は「**国民主権**」「**基本的人権の尊重**」「**平和主義**」。それぞれ日本国憲法の「第1章　天皇」「第2章　戦争の放棄」「第3章　国民の権利及び義務」に対応している。

裏の社会科

41 **憲法9条の改正は、じつは虚妄な議論という側面**がある。現状でも、自衛のための最小限度の軍備はもて、その中に最低限度の核兵器も含まれるのが、内閣法制局の解釈（核の所持に憲法の縛りはない）。

42 **集団的自衛権もすでにだましだまし行使している。**いつか法的に整理する必要があるが、「国際関係の緊張が続くこのタイミングでやるか」は別問題。

43 憲法改正は「その国がどういう国か」という国際的な宣言でもある。**「憲法を改正することが国際社会にどう受け止められるか」**という議論が決定的に欠けている。靖国参拝問題も同じ。

44 96条改正（改憲要件を緩和）の動きは**「こそこそ隠れて永田町で憲法を変えられるようにする」**もの。

第5章 「三権分立」の基礎知識のまとめ

表の社会科

45 **「国会（立法）」「内閣（行政）」「裁判所（司法）」**の3つの役割を分担するのが、三権分立の仕組み。

46 日本国憲法でも、基本三原則に続いて、**「第4章　国会」「第5章　内閣」「第6章　司法」**の順に書かれている。

47 権力は1箇所に集めたほうが効率的だが、**どんな権力も1箇所に集めると暴走する。**その経験則から三権分立が生まれた。

48
三権分立の問題は、**司法権が国民の審判を受けていない**こと。

49
そして、より根本的な問題は、司法権と行政権と立法権の間での牽制を図っても、**国民の権利や自由が保全される保障がどこにもない**こと。

裏の社会科

50
日本では、労働組合などの中間団体がどんどん解体されている。中間団体とは、**個人でも国家でもない、その中間的なところ**にあるもの。

51
いまの日本で、**最も重要な中間団体は会社**。だから、「低負担・高福祉」が実現できた。家族も中間団体。

52
中間団体の怖さは、「内側の人」は守るが「外側の人」は守ってくれないこと。日本は非正規雇用や母子・父子家庭に対しては、ものすごく冷たい社会。

53
中間団体が崩れて社会がバラバラになっていくと、どこかで再結集する動き、**「動員型政治」「ファシズム」の動き**が起きかねない。

第6章 「税金」の基礎知識のまとめ

表の社会科

54
国を運営していくには、**社会保障や公共サービスなどに使うお金**が必要。そのためのお金を、国民から「税金」という形で徴収している。

55
大金持ちは重税をかけると国外に逃げるので、資産5000万円~5億円の「小金持ち」が今後、狙われる。そして、**法人税を低くして、消費税を上げていく**のが世界的な傾向。

56
日本はずっと「低~中負担で高福祉」だったが、それが壊れたのが諸問題の根源。

57

「低負担・低福祉」のアメリカ型か「高負担・高福祉」の北欧型か選択するべき時期にきている。

58

ただ、**政治家は「高負担・高福祉」をいうと選挙で負ける**ので、みんな「低負担・高福祉」をいう。

59

北欧のような**「高負担・高福祉」は現実的には日本では難しい**。なぜなら、日本は大国すぎるから。フリーライダーを出さないためには監視社会である必要がある。

裏の社会科

60

税金の本質は「官僚が食べていくため」にある。税金は官僚が食べていくために収奪するシステム。官僚は収奪する階級。

61

税金は教育や国防、社会福祉の名目で集めるが、**「たくさん集めて、残った分で自分たちが食べる」**のが、本当の目的。

第7章 「選挙」の基礎知識のまとめ

表の社会科

62

「何をやってきたか」という**「実績」よりも、**「何をやってくれそうか」という**「期待感」で人は投票しがち**。

63

選挙では「自分が社会のどの部分にいるか」を考え、**自分の利益に合致する人（「部分の代表」）を選んで、投票すればいい**。

64

政治は言葉の芸術。候補者が、政策や訴えをどう言語化しているかに注目する。

65 **小選挙区制は、いまの体制を維持するための制度。**一度、選挙に勝ってしまえば、これほどいい制度はない。

66 経済活動では、「機会」が平等なら、「結果」として競争に勝った人は何の問題もないのに、「一人一票」に関しては、**まったく例外を許さないのが、いまの普通選挙。**

67 **普通選挙は理想的な制度ではない**が、それよりましな制度が見つからないので、うまく付き合うしかない。

裏の社会科

68 「権力の世襲はけしからん」というものの、**世襲議員は世界的に増えている。**

69 世襲議員は選挙区の心配が不要なので**当選1回目から天下国家の問題に取り組め、**有利なのは事実。

70 近代的な自由権でいちばん重要なのは「表現の自由」ではなく**「考えていることを言わなくていい自由」（内心の自由）**。選挙では**「棄権の自由」「選挙に行かなくていい自由」**もある。

【著者紹介】
佐藤　優（さとう　まさる）
作家、元外務省主任分析官。1960年、東京都生まれ。同志社大学大学院神学研究科修了。
2005年に発表した『国家の罠 外務省のラスプーチンと呼ばれて』で第59回毎日出版文化賞特別賞受賞。2006年に『自壊する帝国』で第5回新潮ドキュメント賞、第38回大宅壮一ノンフィクション賞受賞。『読書の技法』『獄中記』『人に強くなる極意』『いま生きる「資本論」』『宗教改革の物語』など多数の著書がある。

井戸まさえ（いど　まさえ）

1965年、仙台市生まれ。東京女子大学文理学部史学科卒業。松下政経塾9期生。5児の母。

東洋経済新報社勤務を経て、経済ジャーナリストとして独立。2005年より兵庫県議会議員を2期務め、2009年、衆議院議員に初当選。無戸籍問題をはじめ「法の狭間」で苦しむ人々の支援を行う。民主党東京第4区総支部総支部長。

「戸籍のない日本人」で第13回開高健ノンフィクション賞最終候補作品に残る（『無戸籍の日本人』と改題して2016年1月刊行予定）。「『クローズアップ現代』“戸籍のない子どもたち”など無戸籍者に関する一連の報道」で2015年貧困ジャーナリズム賞受賞。

佐藤優氏との共著に『子どもの教養の育て方』がある。


小学校社会科の教科書で、政治の基礎知識をいっきに身につける

2015年12月17日　初刷発行

著　者――佐藤優／井戸まさえ
発行者――山縣裕一郎
発行所――東洋経済新報社
〒103-8345　東京都中央区日本橋本石町1-2-1
電話＝東洋経済コールセンター　03(5605)7021
http://toyokeizai.net/

ブックデザイン……上田宏志［ゼブラ］
ＤＴＰ…………アイランドコレクション
カバー写真……今井康一／梅谷秀司
構成……………高橋扶美
編集協力………鈴木　充
校正……………上岡康子／加藤義廣
印刷・製本……ベクトル印刷
編集担当………中里有吾

ISBN 978-4-492-04516-9

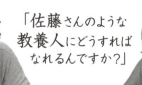

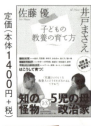